文史哲學集成

張仁青著

六朝唯美文學

文史哲出版社印行

國家圖書館出版品預行編目資料

六朝唯美文學 / 張仁青著. -- 初版 -- 臺北市：文史哲，民 101.04 印刷
頁;公分（文史哲學集成；188）

ISBN 978-957-547-736-3（平裝）

1.中國文學 -六朝（222-588）

820.903

文史哲學集成 188

六朝唯美文學

著者：張仁青
出版者：文史哲出版社
http:// www.lapen.com.tw
e-mail：lapen@ms74.hinet.net
登記證字號：行政院新聞局版臺業字五三三七號
發行人：彭正雄
發行所：文史哲出版社
印刷者：文史哲出版社
臺北市羅斯福路一段七十二巷四號
郵政劃撥帳號：一六一八〇一七五
電話886-2-23511028 · 傳真886-2-23965656
定價新臺幣二五〇元
中華民國六十九年（1980）一月初版
中華民國一〇一年（2012）四月 BOD 初版一刷

ISBN 978-957-547-736-3 00188

六朝唯美文學

張仁青　著

目次

六朝唯美文學

張仁青 著

第一章 引言

欲了解一時代之文學作品，竊以爲當從兩處著手：一爲作品內在結構與組織成分之探討，一爲作品外在環境與時代背景之研究，二者相爲表裏，不容偏廢。

文學與時代及環境關係之密切，人皆知之，法國文學批評家泰納（H.A.Taine）氏有言：『形成作品之因素有三：一曰民族，二曰時代，三曰環境。』（英國文學史導言）夫文學者，時代環境之結晶品也，我國因年代綿遠、環境迭更之故，凡體製之或沿或革，思想之忽斷忽續，其間潮流盛衰，悉因時代環境以升降。劉勰文心雕龍時序篇云：『時運交移，質文代變。』又云：『文變染乎世情，興廢繫乎時序。』蓋事異世變，文學隨之，誠如鑑之與影矣。

凡物之變也，必有其原因，無因則不會起變化。文學作品亦然，其發生之原因必含前因與當時之因。西哲馬文（Marvin）氏謂：『任何時代之哲學，皆爲全部之文明，與其時流動之文明之結果。』（歐洲哲學史自序）其言雖小，而可喻大，卽文學一道亦當作如是觀。良以文學作品之產生，匪從天降，時代及環境之陰驅潛率，則爲最重要之催生劑也。

自漢末政綱解紐，群雄競起，逞志干戈，中國卽進入長期大動亂之時代。典午旣興，內則八王權臣交鬨，四海困窮，生靈塗炭，外則五胡雲擾，盤據中原，先後建立兩趙、三秦、四燕、五涼，及漢夏等十六國，烽火漫天，兵燹匝地，亙百餘年而未已。莽莽華夏，除江南外，幾無一乾淨土可資養息，故中朝名士，莫不渡江避難，江左一隅遂爲文人薈萃之所。其初，武人尙有擊楫悲歌，誓殲兇頑，文人尙作新亭之泣，陸沈之歎。及其末也，劉裕以功高而受晉禪，蕭道成以國亂而移宋鼎，蕭衍更受齊禪而爲梁，陳霸先又代蕭氏而立國。在此一百六十餘年間，篡奪相尋，內亂迭作，民生多艱，封疆日蹙，蓋視魏晉爲尤甚焉。士大夫處此危疑震撼之時代中，身世感其飄零，宇宙傷其搖落，百端交集，欲紓無從，寧復有經邦軌物，霖雨蒼生之壯志乎。惟有相率苟安，進入文苑藝圃，從事美術文學之創作，藉以獲得精神上之忻慰而已。於是在思想上有個人、浪漫、頹廢、唯美主義之勃興，在文學上有山水、田園、神怪、遊仙、隱逸、厭戰作品之出現。沿河討源，振葉尋根，則自建安以來三百八十餘年玉石俱焚之茫茫浩刼，實有以促成之。

第二章　六朝唯美文學概述

欲探究一代之文學思想，必先了解當代文學之概貌，否則思想無所附麗，則探討之功爲虛費矣。蓋文學思想與文學作品爲一物之表裏，其表面爲文學作品，其裏面則文學思想也。兩者相互依附，不可分離，必須透過其表面，而裏面之全貌始能顯現無遺。又文學思想之主幹爲文學理論或文學批評，文學批評之於文學作品，則猶一物之兩面，一則爲破壞之工作，一則爲建設之成果。惟破壞之目的，仍在建設，無建設則破壞工作爲無的放矢，無破壞則建設工作將停滯不前。故欲深究魏晉南北朝之文學思想，必先考察其文學之成果。

魏晉南北朝乃文學覺醒之時代，亦文學獨立之時代也，前乎此者爲兩漢，文學多爲儒學之附庸，載道之工具，文士或同俳優，而無崇高的地位。自曹丕揭櫫文章乃『經國之大業，不朽之盛事』以後，文學驟然脫離儒學而獨立，以附庸蔚爲大國。自是詞人雲興，才士間出，雖干戈擾攘，戎狄交侵，猶不廢吟詠，埋頭著述。於是五色相宣，八音朗暢，事出沈思，義歸翰藻之詩文遂風靡天下，在中國文壇上吐放萬丈光芒，造成唯美文學之全盛，振鑠千古，爭光日月，故謚爲中國之文藝復興（Renaissance），非過譽也。

在此三百八十餘年中，作家之多，作品之富且美，若江海然，非一二瓠瓢所能探測也。爰參稽各書，述其概略。

一、魏代文學

魏代文學，以建安時期西元一九六年至二二〇年爲最盛，建安雖爲漢獻帝年號，惟其時政綱解紐，大權旁落於曹氏，文壇盟主，亦爲曹氏父子。又如鄴下諸子，除孔融外，均爲曹家幕客，故古今文家均以建安屬諸魏代。建安年間，曹操以曠世之雄，於戎馬倥傯之中，篤愛文學，設天網以該天下之英髦，頓八紘以掩四海之碩彥，益以二公子丕植之博學高才，弘獎風流，不遺餘力，風氣所播，一時四方豪俊，遂輻湊鄴下，共同致力於文學之藝術美的發展。故建安時代乃中國中古文學之總樞紐——上承兩漢載道文學之遺風，下啓六朝唯美文學之機運，曹家三傑推轂之功，不可沒也。文心雕龍時序篇云：

自獻帝播遷，文學蓬轉，建安之末，區宇方輯。魏武以相王之尊，雅愛詩章，文帝以副君之重，妙善辭賦，陳思以公子之豪，下筆琳瑯，並體貌英逸，故俊才雲蒸。

建安文學，除曹氏父子外，當推鄴下七子，而孔融實有以先之，融文章淹雅，麗辭紛綸，蓋結兩漢之局，而開六朝之派者也。徐幹少無宦情，有箕山之志，故文多素樸，雖時有齊氣，而玄猿、漏卮、團扇諸賦，雖張衡蔡邕不能過也，著中論二十五篇，成一家言。王粲遭世亂離，流寓荆楚，初征、登樓、征思各篇，流連哀思，直仿楚騷遺調。陳琳章表殊健，腴而得峭，駿而能婉。阮瑀書記翩翩，疏宕雋爽，曲而能肆。應瑒流離世故，頗有飄零之歎，故其文和而不壯。劉楨才情卓越，文最有力，然多壯而不密。此外尚有繁欽、應瑒、左延年，皆擅於樂府民歌，而楊修、吳質、路粹、丁廙、丁儀、繆襲等，莫不妙麗婉曲，有聲於時。下逮正始年間，何宴王弼二子，潛心經典，娛志老莊，所作率以立意爲宗，非以能文爲本。竹林七賢中則以阮籍嵇康二人爲高，所作詩文，絕去雕飾，而氣格清迴，意度閒遠。曹魏文人之擅高名者，約盡於此。劉勰文心雕龍於各家才調論述綦詳，迻錄其詞如下：

仲宣委質於漢南，孔璋歸命於河北，偉長從宦於青土，公幹徇質於海隅，德璉綜其斐然之思，元瑜展其翩翩之樂。文蔚休伯之儔，于叔德祖之侶，傲雅觴豆之前，雍容衽席之上，灑筆以成酣歌，和墨以藉談笑，觀其時文，雅好慷慨。良由世積亂離，風衰俗怨，並志深而筆長，故梗概而多氣也。至明帝纂戎，制詩度曲，徵篇章之士，置崇文之觀，何劉群才，迭相照耀。少主相仍，唯高貴英雅，顧盼合章，動言成論。於時正始餘風，篇體輕澹，而嵇阮應繆，並馳文路矣。（時序篇）

仲宣溢才，捷而能密，文多兼善，辭少瑕累，摘其詩賦，則七子之冠冕乎。琳瑀以符檄擅聲，徐幹以賦論標美。劉楨情高以會采，應瑒學優以得文。路粹楊修，頗懷筆記之工，丁儀邯鄲，亦含論述之美，有足算焉。劉邵趙都，能攀於前修，何晏景福，克光於後進。休璉風情，則百壹標其志，吉甫文理，則臨丹成其采。嵇康師心以遣論，阮籍使氣以命詩，殊聲而合響，異翮而同飛。（才略篇）

至於東吳蜀漢，以地理關係，文風不逮曹魏遠甚，其以經術擅場者有之（如虞翻陸績），以著述見稱者有之（如韋昭薛綜），以政事見長者亦有之（如諸葛亮），獨以詩賦名家者則未之或覩也。

二、西晉文學

西晉之世，統一小康之局僅歷二十餘年，在此二十餘年中，語其文風，要以太康年間（西元二八〇年至二八九年）為最盛，而詩人之多，亦遠邁前朝，鍾嶸以三張二陸兩潘一左為其代表。

太康中，三張二陸兩潘一左，勃爾復興，踵武前王，風流未沫，亦文章之中興也。（詩品序）

三張即張載張協張亢兄弟，才情相埒，所作詩文，皆詞采葱倩，音韻鏗鏘，可謂各擅勝場，難分軒輊。惟論者多以協才為最高，過於乃兄，尤勝乃弟（如鍾嶸詩品列協詩於上品，載詩於下品。），其或然歟。二陸即陸機陸雲兄弟，機天才秀逸，辭藻宏麗，張華見其文，謂之曰：『人之為文，常恨才少，而子更患其多。』雲與機齊名，雖詩文不及機，而持論過之。兩潘即潘岳潘尼叔姪，岳所作詩賦大抵辭氣清綺，情韻淒婉，學者稱為抒情高手。尼文采高麗，辭旨艷發，亦堪方駕安仁，惟聲華不若安仁之著耳。一左即左思，思胸次高曠，筆力雄邁，陶冶漢魏，自鑄偉辭，固是一代作手。

西晉文家，固不止上舉數人，其中特秀而列入晉書文苑傳者尚有應貞、成公綏、趙至、鄒湛、棗據、褚陶、王沈、張翰、庾闡、曹毗等。未列入文苑傳者則有張華、傅玄、傅咸、束晳、何劭、曹攄、王讚、孫楚、左芬等。觀其所作，類皆縟旨星稠，繁文綺合，誠如陸機所謂『其為物也多姿，其為體也屢遷，其會意也尚巧，其遣詞也貴妍，暨音聲之迭代，若五色之相宣』者也。晉書及文心雕龍均有極扼要之敘述，茲迻錄之，以見中朝諸彥揚葩振藻之一斑。

晉書文苑傳序：

及金行纂極，文雅斯盛，張載擅銘山之美，陸機挺焚研之奇，藩夏連輝，頡頏名輩，並綜採繁縟，杼軸清英，窮廣內之青編，緝平臺之麗曲，嘉聲茂迹，陳諸別傳。至於吉甫太沖，江右之才傑，曹毗庾闡，中興之時秀，信乃金相玉潤，野會川沖，埒美前修，垂裕來葉。

文心雕龍時序篇：

逮晉元始基，景文克構，並跡沈儒雅，而務深方術，至武帝惟新，承平受命，而膠序篇章，弗簡皇慮。降及懷愍，綴旒而已。然晉雖不文，人才實盛，茂先搖筆而散珠，太沖動墨而橫錦，岳湛曜聯璧之華，機雲標二俊之采，應傅三張之徒，孫摯成公之屬，並結藻清英，流韻綺靡，前史以爲運涉季世，人未盡才，誠哉斯談，可爲歎息。

又才略篇：

張華短章，奕奕清暢，其鷦鷯寓意，卽韓非之說難也。左思奇才，業深覃思，盡銳於三都，拔萃於詠史，無遺力矣。潘岳敏給，辭自和暢，鍾美於西征，賈餘於哀誄，非自外也。陸機才欲窺深，辭務索廣，故思能入巧，而不制繁。士龍朗練，以識檢亂，故能布采鮮淨，敏於短章。孫楚綴思，每直置以疏通，摯虞述懷，必循規以溫雅，其品藻流別，有條理焉。傅玄篇章，義多規鏡，長虞筆奏，世執剛中，並楨幹之實才，非群華之韡萼也。成公子安選賦而時美，夏侯孝若具體而皆微，曹攄清靡於長篇，季鷹辨切於短韻，各其善也。孟陽景陽，才綺而相埒，可謂魯衞之政，兄弟之文也。

三、東晉文學

自中州板蕩，五馬南奔，國勢陵夷，一蹶不振，北伐之願既灰，偏安之局遂定。且自永嘉以來，王衍樂廣大扇玄風，士流景慕，遂以嗜酒任誕為賢，拘謹守禮為恥。故此一時期之作者，非痛心於國破家毀，以慷慨悲歌鳴其不平，即消極的追蹤於虛無飄渺的神仙理想界中，以寄託其伊鬱困頓之思。前者以劉琨盧諶為魁率，後者以郭璞孫綽稱巨擘，建安以降閎美凝鍊之風，遂一變而為質率自然之氣。劉勰嘗扼要論述此一階段文壇之概況云：

> 元皇中興，披文建學，劉刁禮吏而寵榮，景純文敏而優擢。逮明帝秉哲，雅好文會，升儲御極，孳孳講藝，練情於誥策，振采於辭賦，庾以筆才逾親，溫以文思益厚，揄揚風流，亦彼時之漢武也。及成康促齡，穆哀短祚，簡文勃興，淵乎清峻，微言精理，函滿玄席，澹思濃采，時灑文囿。至孝武不嗣，安恭已矣，其文史則有袁殷之曹，孫干之輩，雖才或淺深，珪璋足用。自中朝貴玄，江左稱盛，因談餘氣，流成文體。是以世極迍邅，而辭意夷泰，詩必柱下之旨歸，賦乃漆園之義疏。故知文變染乎世情，興廢繫乎時序，原始以要終，雖百世可知也。（文心雕龍時序篇）

鍾嶸詩品序亦云：

> 永嘉時，貴黃老，稍尚虛談，於時篇什，理過其辭，淡乎寡味。爰及江表，微波尚傳，孫綽許詢桓庾諸公，詩皆平典似道德論，建安風力盡矣。先是郭景純用儁上之才，變創其體，劉越石仗清剛之氣，贊成厥美，然彼衆我寡，未能動俗。

觀二氏所論，知東晉文風，大都偏尚老莊，過麗之辭，寂然無聞，雖劉琨郭璞之高才，號稱中興之傑，亦不能轉移風氣也。抑有進者，此時佛學勃然大盛，沙門支遁法深道安等人，並善吟詠，往往以佛理入詩，一時文人如殷浩孫綽許詢謝尚之倫，均慕而效之，於是玄風瀰漫之文學界，又參入禪味矣。檀道鸞續晉陽秋云：

正始中，王弼何晏好老莊玄勝之談，而世遂貴焉。至過江，佛理尤盛，故郭璞五言始會合道家之言而韻之。詢（許詢）及太原孫綽轉相祖尚，又加以釋氏三世（按三世謂過去現在未來）之辭，而詩騷之體盡矣。詢綽並爲一時文宗，自此作者悉體之。

此種文壇上之特殊現象，歷時甚久，直至義熙，殷仲文謝混斐然繼作，風氣始變。故沈約云：『仲文始革孫許之風，叔源大變太元之氣。』（宋書謝靈運傳論）惟仲文玄氣，猶未盡除，叔源情新，篇什絕少，故鍾嶸品詩，皆未列之於上科。逮乎末葉，陶潛踵興，乃徹底掃除前習，開創田園文學。其田園諸作，純任天機，一主自然，麗而不縟，淡而能旨，於清遠閒逸之中，寓淵深樸茂之氣，洗盡鉛華，還我初服矣。

東晉文士，大略已如上述，其他史冊所載，馳文譽於當世者，若李充、伏滔、羅含，顧愷之、王羲之、郭澄之輩，以至閨秀蘇蕙謝道韞等，皆有詩文傳世，茲不備述。

四、宋代文學

劉宋一代，雖國祚淺短，而文風極盛，尤以文帝元嘉三十年間（西元四二四年至四五三年），物阜民安，講誦相聞，自建安以來，號昇平之世。緣是吟詠滋繁，作家輩出，而文學至此，亦幡然一變，詩則於律漸開，文則於排益甚，質直之貌寖衰，綺麗之辭日著，是江左唯美文學風行之開端，亦駢文全盛之起步也。文心雕龍明詩篇云：

宋初文詠，體有因革，莊老告退，而山水方滋。儷采百字之偶，爭價一句之奇，情必極貌以寫物，辭必窮力而追新，此近世之所競也。

此雖就詩立言，而文章之內容，亦庶幾焉。當時作者甚多，陵駕前代，君王皇族如文帝、孝武帝、臨川王劉義慶、江夏王劉義恭諸人，俱有文采，著述繁富。才士如傅亮、何長瑜、何承天、顏延之、謝靈運、謝惠連、沈懷文、王誕、王微、張敷、張暢、袁淑、王僧達、范曄、鮑照、謝莊、湯惠休諸人，各以詩文飲譽一代。故文心雕龍時序篇云：

自宋武愛文，文帝彬雅，秉文之德，孝武多才，英采雲構，自明帝以下，文理替矣。爾其縉紳之林，霞蔚而飆起，王袁聯宗以龍章，顏謝重葉以鳳采，何范張沈之徒，亦不可勝也。

在上述各家中，以謝靈運顏延之鮑照三人最傑出，作品亦最美，世稱元嘉三大家。靈運以江左貴族，入仕新朝，意殊不自愜，遂乃縱情山水，棲心象外，故其集中多遊覽行旅之作，感時傷己之篇。其刻畫山水，獨具會心，善用客觀手法描述自然實境，爲我國山水詩之開山祖，一掃當代文壇『理過其辭，淡乎寡味』之玄風，而以清詞麗句再現自然之形象美，與陶潛同爲歌詠自然之大詩人。惟陶之對於自然也以主觀，而縱往自得，所長在眞在厚。謝之對於自然也以客觀，而蓄意追琢，所長在新在俊。若純就藝術眼光觀之，謝之才情工力，當在陶上，此鍾嶸所以尊靈運爲上科，而淵明則處之中品歟。延之與靈運齊名，詩雖不逮，文則過之，所作體裁綺密，情韻淵永，一字一句皆加意錘鍊，使達於無可移易而後已，故較之靈運少自然靈動之美。沈約宋書謝靈運傳論云：

爰逮宋氏，顏謝騰聲，靈運之興會標舉，延年之體裁明密，並方軌前秀，垂範後昆。

而鍾嶸詩品序亦云：

元嘉中，有謝靈運，才高詞盛，富艷難蹤，固已含跨劉郭，陵轢潘左。故知陳思爲建安之傑，公幹仲宣爲輔。陸機爲太康之英，安仁景陽爲輔。謝客爲元嘉之雄，顏延年爲輔。斯皆五言之冠冕，文詞之命世也。

則顏謝詩之優劣，當時已有定評。鮑照才思奇絕，文辭贍逸，足以差肩於顏謝之間，杜甫以之與庾信並稱，曰『清新庾開府，俊逸鮑參軍。』（春日夢李白詩）而陸時雍更爲之低首曰：

鮑照材力標舉，凌厲當年，如五丁鑿山，開人世之所未有，當其得意時，直前揮霍，目無堅壁矣。駿馬輕貂，雕弓短劍，秋風落日，馳騁平岡，可以想見此君意氣所在也。（詩境總論）

跡其所造，蓋已臻於詩賦家之絕境也。而沈約著論，不數明遠，鍾嶸第詩，亦列中品，且不與顏謝相齒，儻所謂才秀人微，見輕當代者耶。

以上三家，均大啓後代之津塗，而謝惠連謝莊俳賦諸作，侔色揣稱，以警秀見奇，駢詞儷句，如貫珠聯璧，亦開三唐文賦之先河。至若范曄覃思惇史，所撰後漢書，體大思精，故能駢肩史漢。傅亮廟堂製作，典重矞皇，氣懾東漢，潘勗以來，一人而已。凡此均無愧一代之作手也。

五、南齊文學

齊代諸帝，昏德繼踵，而頗知右文，文風之盛，超軼劉宋，觀劉勰之言可信也。

暨皇齊馭寶，運集休明。太祖以聖武膺籙，高祖以睿文纂業，文帝以貳離含章，中宗以上哲興運，並文明自天，緝遐景祚。今聖曆方興，文思光被，海岳降神，才英秀發，馭飛龍於天衢，駕騏驥於萬里，經典禮章，跨周轢漢，唐虞之文，其鼎盛乎。（文心雕龍時序篇）

尤以武帝永明之際（西元四八三年至四九三年）為最盛，於時竟陵王蕭子良禮士好藝，江左詞客，多集其門，而蕭衍與王融、謝朓、沈約、陸倕、范雲、蕭琛、任昉八人，尤見敬異，號曰竟陵八友。八人之中，謝朓長於詩，陸倕任昉工於筆，而沈約則文筆兼備。約之所製，以宮商諧協為高，王融謝朓和之，選聲配色，益趨工律，造句遣詞，彌多拘忌，直欲陶鑄天籟，鎔範性靈，雖駢文之體，於焉成立，唐人律詩，自此而開，功施爛然。而後生競習，重貌遺神，遂令聲律之功益毀，情性之機將錮，世多間言，儻以此乎。

八人之中，王融謝朓皆英年早逝，世多痛之。及蕭衍受禪，其餘五人率出而為之佐命，永明傑士，遂不得為齊所有。昔聲子有言：『雖楚有材，晉實用之。』其此之謂乎。

南齊文學之美者，尚有周顒、王儉、張融、孔稚珪等。周顒與沈約同為聲律說之倡導者，所作率如所言，與理論相一致。王儉學術湛深，文章高華，為一代大作手。張融早負文譽，文辭詭激，獨與眾異，而具粗服亂頭之美。其戒子書云：『吾文體英絕，變而屢奇。』要非漫言。孔稚珪性詼諧，嬉笑怒罵，皆成文章，開後世諷刺文學之先聲，蔣士銓推為古今駢文第一高手（見四六法海），雖屬仁智之見，要之，其作品確非常人所能企及也。

其他文士若丘靈鞠、檀超、卞彬、丘巨源、王智深、陸厥、崔慰祖、王逡之、祖沖之、賈淵諸子，均有聲於時，作品亦朗麗可誦，蕭氏撰南齊書，已列之文學傳矣。

六、梁代文學

梁祚雖僅五十餘年（西元五〇二年至五五七年），而文運之隆，不僅在魏晉南北朝中爲最，即謂在整個中國歷史上稱最亦無不可也。蓋武帝博學多藝，有文武才略，洞達儒佛道，著書十九種，凡七百零七卷。即位之後，復廣求人才，誕敷文教，措國家於磐石之安者幾達半世紀，是庾子山所謂『五十年間，江表無事』之時代也。加以嗣子昭明太子簡文帝元帝，均以詞藝爲天下倡，其餘諸子及宗室能文者，尤難更僕數。上有好者，下必甚焉，於是天下騷人墨客，以至衲子羽流，莫不鏤肝鉥腎，振藻揚葩，上下一心，共同致力於純文學之創作與批評，炳煥人文，輝映萬世。故蕭梁諸帝政治上之措施，容有不盡如人意處，然其稽古右文，揚風扢雅，因而造成江左文學風氣之全盛，直可陵轢漢武，睥睨魏文，康熙乾隆則其項背之難望矣。茲考史書，以明其概。

梁書武帝紀：

自江左以來，年踰二百，文物之盛，獨美於茲。

南史文學傳序：

自中原沸騰，五馬南渡，綴文之士，無乏於時。降及梁朝，其流彌盛，蓋由時主儒雅，篤好文章，故才秀之士，煥乎俱集。於時武帝每所臨幸，輒命群臣賦詩，其文之善者，賜以金帛。是以搢紳之士，咸知自勵。

梁代傑出文士，不下百人，其聲華掩映，足名一家者，亦逾三十人。南齊遺賢除上舉竟陵諸友外，尚有何遜、吳均、劉勰、江淹、劉峻、丘遲、庾於陵庾肩吾兄弟等，而以沈約名位最高，約於後進英髦，刻意獎掖，故梁初文學實沿永明體之遺風，而多出於沈約提誘之力。何遜所作，意境幽深，情韻緜遠，有沖寂自妍，不求賞識之概，與陰鏗齊名，世稱陰何。吳均山水小品，峭拔清新，戛戛獨造，世稱吳均體。江淹才高學博，情藻豐贍，恨別二賦，衆口交誦。劉峻仗氣愛奇，略同江淹，議論之作，華潤不足，噍殺有餘，故是齊梁之飛將，不同江任之雅步也。丘遲詩文婉秀，藉甚當時，嘗作書致陳伯之，使悍將爲之幡然改圖，以鶯飛草長之美辭，收魯連酈其之偉績，昔人所謂筆掃千軍者，遲其有焉。庾肩吾之作，麗采照映，兒女情多，綺羅香澤之好，形於篇章，幃闥牀笫之私，流爲吟詠，梁陳宮體，肩吾實開其先。

若乃劉勰之文心雕龍，鍾嶸之詩品，識見超卓，獨步古今，其爲吾國文學批評之雙璧，固夫人而知之者也。他如張率、王筠、周捨、徐悱、徐摛、到溉、劉之遴，與夫梁書文學傳所錄到沆、劉苞、袁峻、劉昭、周興嗣之儔，以至閨秀作家劉令嫺等，莫不各騁巧思，雕琢曼辭，彬蔚之美，聿光其代矣。

七、陳代文學

自齊永明以後，詩文日趨藻麗，宮商聲病，刻意研討，六朝作者，斯爲美矣。大同承聖之間，詞人蔚起，名作迭出，造成唯美文學之全盛，在中國文學史上寫下極輝煌燦爛之一頁。梁鼎既革，陳氏踵興，吟詠雖不及先朝之盛，而風流固未嘗歇絕也。陳書文學傳序云：

自楚漢以降，辭人世出，洛汭江左，其流彌暢，莫不思侔造化，明並日月，大則憲章典謨，裨贊王道，小則文理清正，申紓性靈。至於經禮樂，綜人倫，通古今，述美惡，莫尚乎此。後主嗣業，雅尚文詞，傍求學藝，煥乎俱集。每臣下表疏及獻上賦頌者，躬自省覽，其有辭工，則神筆賞激，加其爵位，是以搢紳之徒，咸知自勵矣。

近儒劉師培氏著中古文學史，於陳代文學，深致贊歎，其言曰：

陳代開國之初，承梁季之亂，文學漸衰，然世祖以來，漸崇文學。後主在東宮，汲引文士，如恐不及，及踐帝位，尤尚文章，故后妃宗室，莫不競爲文詞。又開國功臣如侯安都孫瑒徐敬成，均結納文士。而李爽之流，以文會友，極一時之選。故文學復昌，迄於亡國。

陳代文家，首推徐陵、沈炯，次則陳後主、江總、陰鏗、顧野王。而周弘正、張正見、姚察、何之元、陸瑜諸人，或工詩，或工文，亦一時之選。至若孔範劉暄之徒，但工艷藻，而無內容，不足道也。

徐陵由梁入陳，遂爲文壇盟主，有陳創業，文檄軍書及禪授詔策，皆陵所製，每一文出，好事者傳寫成誦，遂被之華夷，家藏其本，與庾信齊名，時稱徐庾體，二人並爲駢文百代宗師。其詩體裁綺密，一變舊貫，亦與庾信同風。七言樂府則辭興婉愜，風華清麗，開元和長慶之先路。所編玉臺新詠亦爲晚唐香奩詩家所取則。

沈炯工爲文章，其最著者爲勸進梁元帝前後三表及經通天臺奏漢武帝表，詞格高迴，如珠光玉潔，語語清綺，雖徐庾無以遠過也。

陳後主才思横逸，耽情詞藝，爲一傑出之文學家。然卽位以後，沈湎聲色，惟日不足，於是君臣賡唱，莫非哀怨之音，而金陵王氣亦黯然銷矣。據南史陳本紀云：

> 後主不虞外難，荒於酒色，不恤政事，左右嬖佞珥貂者五十人，婦人美貌麗服巧態以從者千餘人。常使張貴妃孔貴人等八人夾坐，江總孔範等十人預宴，號曰狎客。先令八婦人襞采箋，製五言詩，十客一時繼和，遲則罰酒。君臣酣飲，從夕達旦，以此爲常。

又封宮人有文學者袁大捨等爲女學士，賦新詩，選宮女有姿色者習唱，其曲有玉樹後庭花、臨春樂等，爲唐代梨園、宋元詞曲之濫觴。昔王國維氏評南唐李後主有言：『詞人者，不失其赤子之心也，故生於深宮之中，長於婦人之手，是後主爲人君所短處，亦卽爲詞人所長處。』（人間詞話）吾於陳後主亦云。

江總工爲五七言詩，造句遣詞，專以纖巧取勝。尤精駢體，率抽秘逞姸，標新領異，一意雕繪，句句精絕，好事者相傳諷玩焉。陰鏗善五言詩，才情洋溢，工力甚深，與總所作，均爲唐人律句之型範。杜甫詩云：『李侯（李白）有佳句，往往似陰鏗。』又云：『頗學陰何苦用心。』其推重如此。顧野王文質彬彬，作品雍容有度，固不特玉篇一書上繼許愼已也。

其餘諸子之作，大都繪句絺章，妃青媲白，精神風貌，亦多相雷同。然唯美文學至此，已如尾閭之洩，波瀾不興，返照之光，雯霞欲斂，繼今而往，多彩之文學界，又將換上一副新面貌，呈現一片新氣象矣。

八、北朝文學

五胡遞興，衣冠南渡，莽莽神州，鞠爲戰場，文物典章，蕩然以盡。其後拓跋氏崛起沙朔，奄有北方，力征經營，不遑文事，雕蟲篆刻，蔑不足紀。北史文苑傳云：

既而中州板蕩，戎狄交侵，僭僞相屬，生靈塗炭，故文章黜焉。其能潛思於戰爭之間，揮翰於鋒鏑之下，亦有時而間出矣。若乃魯徽、杜廣、徐光、尹弼之儔，知名於二趙，宋該、封弈、朱彤、梁讜之屬，見重於燕秦。然皆迫於倉卒，牽於戰陣，章奏符檄，則粲然可觀，體物緣情，則寂寥於世。非其才有優劣，時運然也。

惟自孝文遷洛以後，崇尚儒雅，用夏變夷，追攀南國，猶恐不及，故能揚葩振藻，煥蔚人文，革粗鄙之舊，扇雍容之風。嗣是以往，洛下金陵，日競於文，駸駸然有分鑣並馳之勢焉。第以南北民族個性與生活背景之不同，兩地文學，遂各具特色。北史文苑傳序又云：

夫人有六情，稟五常之秀，情感六氣，順四時之序。蓋文之所起，情發於中。而自漢魏以來，迄乎晉宋，其體屢變，前哲論之詳矣。暨永明天監之際，太和天保之間，洛陽江左，文雅尤盛，彼此好尚，互有異同。江左宮商發越，貴於清綺，河朔詞義貞剛，重乎氣質。氣質則理勝其詞，清綺則文過其意。理深者便於時用，文華者宜於詠歌。此其南北詞人得失之大較也。若能掇彼清音，簡茲累句，各去所短，合其兩長，則文質彬彬，盡美盡善矣。可見北朝文學，用詞質樸，饒剛健之氣，與南朝唯美文學大異其趣，尤其在樂府民歌部分，其風調韻味，更判若天壤。此則根於民情風土，初無長短優劣之可言也。

北朝文士最負盛名者，北魏有溫子昇，西魏有蘇綽，北齊有邢邵、魏收、顏之推，北周有庾信、王褒。溫子昇起自寒微，鬱然有文，設采繁艷，吐韻鏗鏘，梁武帝見其文，以爲曹植陸機復生北土。楊遵彥作文德論，以爲古今辭人皆負才遺行，澆薄險忌，唯邢子才、王元景、溫子昇彬彬有德素。與邢邵魏收齊名，世稱北地三才。

蘇綽爲文，務存質樸，糠粃魏晉，憲章虞夏，雖屬辭有師古之美，矯枉非適時之用，故莫能常行焉，然唐人復古之先機，已肇端於斯矣。

邢邵文譽早達，屬辭典麗，雕蟲之美，獨步當時，每一文出，京師爲之紙貴。雖居北地，而詩文宛有齊梁風韻。初與溫子昇並稱溫邢，其後又與魏收並稱邢魏。

魏收天才煥發，駕乎溫邢，北齊受禪詔册，皆其手筆。又博采舊聞，勒成魏書，惟是非失實，擧國大譁，名其書曰『穢史』。

顏之推早傳家學，文詞典麗，名噪於北地，曾撰觀我生賦，述梁代興亡始末，直逼庾子山哀江南賦。又著家訓二十篇，詳論立身治家之道，兼及字畫音訓，並考正典故，品評文藝，極富價值。

庾信身遭亂離，屈事敵國，雖位望通顯，常有鄉關之思，故辭多悽愴激楚，與前期之旖旎風華者，迥不侔矣。盛名易地，橘枳改觀，於此見之。世推爲駢文百代宗師。

王褒原係梁室外戚，周師南侵，被虜北上，遂仕於周，自此心繫宗國，情切土風，詩風乃由清綺一變而爲沈鬱，蓋庾信之流亞也。

自餘作家，若北魏高允著有毛詩拾遺，酈道元著有水經注，楊衒之著有洛陽伽藍記，均極負時譽。而北齊之裴讓之、祖鴻勳、陽休之、祖珽、蕭愨、劉逖等，或以文名，或以詩著，多具清剛質實之風，無愧一代作手。

茲將魏晉南北朝之主要作家列一簡表，以便觀覽。

魏晉南北朝文學家簡表

國號	姓名	字號	籍貫	歲數	生年	卒年	專長	著作
魏	孔融	文舉	魯國	五六	一五三	二〇八	詩・散文	孔北海集
	曹操	孟德	沛國・譙	六六	一五五	二二〇	詩・散文	魏武帝集
	華歆	子魚	平原高唐	七六	一五六	二三一	散文	
	管寧	幼安	北海朱虛	八四	一五八	二四一	散文	
	阮瑀	元瑜	陳留			二一二	散文・詩	阮元瑜集
	路粹	文蔚	陳留			二一四	散文	

潘勗	元茂	中牟			二一五	駢文	
劉楨	公幹	東平			二一七	詩	劉公幹集
陳琳	孔璋	廣陵			二一七	駢文・詩	陳記室集
應瑒	德璉	汝南			二一七	詩	應德璉集
繁欽	休伯	潁川			二一八	詩・賦・駢文	
丁儀	正禮	沛郡			二二〇	賦・駢文	
丁廙	敬禮	沛郡			二二〇	賦・駢文	
蔡琰	文姬	陳留	五八	一五九	二一六	詩	
吳質	季重	濟陰	五四	一七七	二三〇	駢文・詩	
徐幹	偉長	北海	四七	一七一	二一七	賦・詩・駢文	中論
楊修	德祖	弘農華陰	四五	一七五	二一九	駢文	
禰衡	正平	平原・般	二六	一七三	一九八	賦・駢文	
王粲	仲宣	高平	四一	一七七	二一七	賦・詩	王侍中集
仲長統	公理	高平	四一	一七九	二一九	散文	昌言
諸葛亮	孔明	琅邪陽都	五四	一八一	二三四	散文	諸葛丞相集

繆襲	熙伯	東海	六〇	一八六	二四五	詩	皇覽
曹丕	子桓	沛國・譙	四〇	一八七	二二六	駢文・詩・文學批評	魏文帝集・典論
應璩	休璉	汝南	六三	一九〇	二五二	駢文・詩	應休璉集
桓範	元則	沛國			二四九	散文	世要
何晏	平叔	南陽・宛	六〇	一九〇	二四九	賦・散文	論語集解・道德論
曹植	子建	沛國・譙	四一	一九二	二三二	賦・詩・駢文	曹子建集
李康	蕭遠	中山				駢文	
韋昭	弘嗣	吳郡雲陽	七〇	二〇四	二七三	散文	國語注
山濤	巨源	河內・懷	七九	二〇五	二八三	散文	
曹冏	元首	沛國・譙				散文	
阮籍	嗣宗	陳留尉氏	五四	二一〇	二六三	詩・駢文	阮步兵集
應貞	吉甫	汝南			二六九	詩	
向秀	子期	河內・懷				賦・散文	莊子隱解
劉伶	伯倫	沛國				散文・駢文	
嵇康	叔夜	譙國・銍	四〇	二二三	二六二	詩・賦・散文	嵇中散集

	鍾會	士季	潁川長社	四〇	二二五	二六四	散文	鍾司徒集
西晉	皇甫謐	士安	安定	六八	二一五	二八二	散文	帝王世紀・高士傳
	傅玄	休奕	北地泥陽	六二	二一七	二七八	散文・詩	傅鶉觚集
	羊祜	叔子	泰山南城	五八	二二一	二七八	駢文	
	杜預	元凱	京兆杜陵	六三	二二二	二八四	散文	杜征南集・春秋經傳集解
	李密	令伯	武陽	六五	二二三	二八七	散文	
	棗據	道彥	潁川長社				詩	
	荀勗	公曾				二八九	散文	荀公曾集
	成公綏	子安	東郡白馬	四三	二三一	二七三	賦・詩・散文	成公子安集
	張華	茂先	范陽方城	六九	二三二	三〇〇	詩・賦・散文	張茂先集・博物志
	陳壽	承祚	巴西安漢	六五	二三三	二九七	散文	三國志
	王戎	濬沖	臨沂	七二	二三四	三〇五	散文	
	何劭	敬祖	夏陽	六六	二三六	三〇一	詩	
	傅咸	長虞	北地泥陽	五六	二三九	二九四	詩・散文	傅中丞集
	周處	子隱	陽羨	六〇	二四〇	二九九	散文	風土記

褚陶	季雅	錢塘				賦	
孫楚	子荊	太原中都			二九三	詩	孫子荊集
夏侯湛	孝若	譙國・譙	四九	二四三	二九一	駢文・散文	夏侯常侍集・新論
潘岳	安仁	滎陽中牟	五四	二四七	三〇〇	賦・詩・駢文	潘黃門集
歐陽建	堅石	渤海			三〇〇	詩	
石崇	季倫	南皮	五二	二四九	三〇〇	詩・駢文	
趙至	景眞	代郡				散文	
張載	孟陽	安平				詩・駢文	張孟陽景陽集
張協	景陽	安平				詩・駢文	張孟陽景陽集
張亢	季陽	安平				詩・駢文	張亢集
木華	玄虛	廣川				賦	
王讚	正長	義陽				詩	
左思	太沖	臨淄	五六	二五〇	三〇五	賦・詩	
左芬		臨淄				駢文・詩	
曹攄	顏遠	譙國・譙			三〇八	詩	

	江統	應元	陳留			三一〇	散文	
	潘尼	正叔	滎陽中牟			三一〇	詩	潘太常集
	張翰	季鷹	吳郡				賦・散文	
	摯虞	仲洽	京兆長安	六〇	二五二	三一一	散文	文章志・文章流別集
	束皙	廣微	陽平元城	四〇	二六一	三〇〇	詩	束陽平集
	陸機	士衡	吳郡	四三	二六一	三〇三	賦・詩・駢文	陸平原集
	陸雲	士龍	吳郡	四二	二六二	三〇三	詩・散文	陸士龍集
	郭泰機		河南				詩	
	張悛	士然	吳國				散文	
	司馬彪	紹統	河內			三〇六	詩・散文	
東晉	劉琨	越石	中山	四八	二七〇	三一七	詩・駢文	劉中山集
	郭璞	景純	河東聞喜	四九	二七六	三二四	賦・詩	郭弘農集・爾雅注
	干寶	令升	新蔡				駢文・小說	搜神記・晉紀
	曹毗	輔佐	譙國				詩・賦	
	李充	弘度	江夏				文學理論	翰林論

葛洪	稚川	句容	八〇	二八四	三六三	散文・文學批評	抱朴子
盧諶	子諒	范陽	六七	二八四	三五〇	詩・散文	莊子注
庾闡	仲初	鄢陵	五四	二八六	三三九	詩・賦・駢文	
庾亮	元規	鄢陵	五二	二八九	三四〇	駢文	
謝尚	仁祖	陽夏	五〇	三〇八	三五七	散文	
羅含	君章	耒陽				駢文	
王濛	仲祖	太原晉陽	三九	三〇九	三四七	散文	
桓溫	元子	譙國龍亢	六二	三一二	三七三	駢文	
支遁	道林	陳留	五三	三一四	三六六	詩	
孫綽	興公	太原中都	五八	三二〇	三七七	賦・詩	孫廷尉集
許詢	玄度	高陽				詩	
蘇蕙	若蘭	始平				詩	
王羲之	逸少	臨沂	五九	三二一	三七九	散文・詩	王右軍集
王嘉	子年	隴西安陽				小說	拾遺記
慧遠		雁門樓煩	八三	三三四	四一六	詩・散文	

	謝道韞		陳郡陽夏				詩・駢文	
	顧愷之	長康	無錫	六二	三四一	四〇二	詩	
	王獻之	子敬	臨沂	四五	三四四	三八八	散文・詩	王大令集
	殷仲文	仲文	陳郡			四〇七	詩・駢文	
	王康琚						詩	
	謝混	叔源	陽夏			四一二	詩	
	陶潛	淵明	尋陽柴桑	六三	三六五	四二七	詩・散文	陶淵明集
宋	劉裕	德輿	彭城	六七	三五六	四二二	駢文	
	何承天		東海・郯	七八	三七〇	四四七	散文	何衡陽集
	裴松之	世期	河東聞喜	八〇	三七二	四五一	散文	三國志注
	傅亮	季友	北地靈州	五三	三七四	四二六	駢文	傅光祿集
	宗炳	少文	南陽	六九	三七五	四四三	散文	
	顏延之	延年	臨沂	七三	三八四	四五六	駢文・詩	顏光祿集
	謝靈運	客兒	陽夏	四九	三八五	四三三	詩・駢文	謝康樂集
	謝瞻	宣遠	陽夏	三五	三八七	四二一	詩	

謝晦	宣明	陽夏	三七	三九〇	四二六	詩	
何長瑜		東海				詩	
謝惠連		陽夏	三七	三九七	四三三	賦・詩・駢文	謝法曹集
范曄	蔚宗	山陰	四八	三九八	四四五	散文	後漢書
裴駰	龍駒	河東聞喜				散文	史記集解
顏竣	士遜	臨沂				散文	
劉義慶		彭城	四二	四〇三	四四四	散文	世說新語
鮑照	明遠	東海	六二	四〇五	四六六	賦・詩・駢文	鮑參軍集
劉義隆	車兒	彭城	四七	四〇七	四五三	駢文	
袁淑	陽源	陽夏	四六	四〇八	四五三	詩	袁忠憲集
劉敬叔	敬叔	彭城				小說	異苑
顏測		臨沂				駢文	
劉義恭		彭城	五三	四一三	四六五	駢文	
王微	景玄	臨沂	二九	四一五	四四三	文學理論	鴻寶
袁粲	景倩	陽夏	五八	四二〇	四七七	散文	妙德先生傳

韓蘭英		吳郡				詩	
謝莊	希逸	陽夏	四六	四二一	四六六	賦・駢文	謝光祿集
王僧達		臨沂	三六	四二三	四五八	詩・駢文	
湯惠休	茂遠					詩	
鮑令暉		東海				詩	
劉鑠	玄休	彭城	二三	四三一	四五三	詩	
齊							
褚淵	彥回	河南陽翟	四八	四三五	四八二	駢文	
丘靈鞠		吳興				散文	江左文章錄序
謝朓	敬沖	陽夏	六六	四三九	五〇四	駢文	
周顒	彥倫	汝南			四八五	聲韻學	
張融	思光	吳郡	五四	四四四	四九七	駢文・文學理論	張長史集
孔稚珪	德璋	山陰	五五	四四七	五〇一	駢文・詩	孔詹事集
王儉	仲寶	臨沂	三八	四五二	四八九	詩・散文・駢文	王文憲集
劉繪	士章	彭城	四五	四五八	五〇二	詩・駢文	
蕭子良	雲英	南蘭陵	三五	四六〇	四九四	詩・駢文	蕭竟陵集

	王屮	簡棲	臨沂			五〇五	駢文	
	謝朓	玄暉	陽夏	三六	四六四	四九九	詩・駢文	謝宣城集
	王融	元長	臨沂	二七	四六七	四九三	詩・駢文	王寧朔集
	陸厥	韓卿	吳郡・吳	二八	四七二	四九九	聲韻學	
梁	沈約	休文	吳興武康	七三	四四一	五一三	詩・駢文・散文	沈隱侯集・宋書
	劉勰	彥和	東莞		四六五		駢文・文學理論	文心雕龍
	江淹	文通	濟陽考城	六二	四四四	五〇五	賦・詩・駢文	江醴陵集
	何胤	子季	廬江	八六	四四六	五三一	散文	毛詩隱義・禮記隱義
	范雲	彥龍	南鄉舞陰	五三	四五一	五〇三	詩	
	陶弘景	通明	秣陵	八五	四五二	五三六	駢文・散文	帝王年歷・陶隱居集
	任昉	彥昇	博昌	四九	四六〇	五〇八	駢文・小說	任彥昇集・述異記・文章緣起
	劉峻	孝標	平原	六〇	四六二	五二一	駢文・散文	劉戶曹集・世說新語注
	庾於陵	子介	新野				詩	
	范縝	子眞	南鄉舞陰				駢文	
	蕭衍	叔達	南蘭陵	八六	四六四	五四九	駢文・散文	梁武帝集

丘遲	希範	吳興烏程	四五	四六四	五〇八	駢文・詩	丘中郎集
王僧孺	僧孺	東海	五八	四六五	五二二	駢文・散文	王左丞集
鍾嶸	仲偉	潁川長社				文學理論	詩品
徐勉	修仁	東海	七〇	四六六	五三五	散文	流別起居注
吳均	叔庠	吳興	五二	四六九	五二〇	駢文・散文	吳朝請集・續齊諧記
裴子野	幾原	河東聞喜	六二	四六九	五三〇	駢文・散文	衆僧傳
陸倕	佐公	吳郡・吳	五七	四七〇	五二六	駢文	
徐悱	敬業	東海			五二三	詩	
徐摛	士秀	東海	七八	四七二	五四九	詩	
何遜	仲言	東海	六一	四七五	五三五	詩	何記室集
張率	士簡	吳郡・吳	五三	四七五	五二七	散文	文衡
到沆	茂瀣	彭城	三〇	四七七	五〇六	詩・賦	
劉之遴	思貞	南陽	七二	四七八	五四九	駢文・散文	
阮孝緒	士宗	陳留	五八	四七九	五三六	目錄學	七錄削繁
王筠	元禮	臨沂	六九	四八一	五四九	詩・賦・駢文	王詹事集

	劉孝綽	孝綽	彭城	五九	四八一	五三九	駢文・詩・文學理論	劉秘書集
	劉令嫻		彭城				駢文	
	劉孝儀		彭城	六七	四八四	五五〇	駢文	劉孝儀集
	蕭子雲	景喬	南蘭陵	六四	四八六	五四九	駢文・散文	晉書・東宮新記
	庾肩吾	子慎	新野	六五	四八七	五五一	詩・駢文	庾度支集
	蕭子顯	景陽	南蘭陵	四九	四八九	五三七	散文・文學理論	南齊書
	劉孝威		彭城	五四	四九六	五四九	詩・駢文	劉孝威集
	張纘	伯緒	范陽方城	五一	四九九	五四九	駢文・散文	鴻寶
	宗懍	元懍	南陽	六四			散文	荊楚歲時記
	蕭統	德施	南蘭陵	三一	五〇一	五三一	詩・駢文・文學理論	梁昭明集
	蕭綱	世纘	南蘭陵	四九	五〇三	五五一	詩・駢文・文學理論	梁簡文集
	蕭繹	世誠	南蘭陵	四七	五〇八	五五四	詩・駢文・文學理論	梁元帝集
陳	周弘正	思行	汝南	七九	四九六	五七四	散文	周易講疏・莊子疏
	周弘讓		汝南				駢文	
	沈炯	初明	吳興武康	五九	五〇二	五六〇	駢文・詩	沈侍中集

徐陵	孝穆	東海	七七	五〇七	五八三	駢文・詩	徐孝穆集
陰鏗	子堅	武威姑臧	六九	五一三	五八一	詩	
孔奐	休文	山陰	七〇	五一四	五八三	駢文	
沈不害	孝和	吳興武康	六三	五一八	五八〇	散文・駢文	
顧野王	希馮	吳郡・吳	六三	五一九	五八一	駢文・小學	玉篇・續洞冥記
江總	總持	濟陽考城	七六	五一九	五九四	駢文・詩	江令君集
蔡景歷	茂世	濟陽考城	六〇	五一九	五七八	駢文	
張正見	見賾	清河				詩	張散騎集
褚玠	溫理	錢塘	五二	五二九	五八〇	駢文	
傅縡	宜事	北地靈州	五五	五三一	五八五	駢文	
阮卓		陳留	五九	五三一	五八九	詩	
陳頊	紹世	吳興	五二	五三一	五八二	駢文	
姚察	伯審	吳興武康	七四	五三三	六〇六	散文	
陸瓊	伯玉	吳郡・吳	五〇	五三七	五八六	駢文	
陸琰	溫玉	吳郡・吳	三四	五四〇	五七三	駢文	

	陸　瑜	幹玉	吳郡・吳	四四	五四〇	五八三	駢文	
	伏知道		平昌安丘				駢文	
	何之元		廬　江			五九三	散文・文學理論	梁　典
	陳叔寶		吳　興	五二	五五三	六〇四	詩・駢文	陳後主集
	孔　範	法言	山　陰				詩	
北魏	崔　浩	伯淵	清　河			四五〇	賦・散文	國　書
	高　允	伯恭	渤　海	九八	三九〇	四八七	詩・散文・賦	高令公集・毛詩拾遺
	崔　鴻	彥鸞	聞　喜			五二五		十六國春秋
	酈道元	善長	范　陽			五二七	散文	水經注
	温子昇	鵬舉	濟　陰	五三	四九五	五四七	詩・駢文・散文	文筆・永安記
	楊衒之	北平					散文	洛陽伽藍記
	蘇　綽	令綽	武　功	四九	四九八	五四六	散文	
北齊	邢　邵	子才	河　間		四九六		駢文	魏特進集
	祖鴻勳		范　陽				駢文	
	裴讓之	士禮	聞　喜			五五五	詩	

	魏收	伯起	鉅鹿	六七	五〇六	五七二	駢文・散文	魏特進集・魏書
	陽休之	子烈	無終	七四	五〇九	五八二	駢文	
	楊愔	遵彥	華陰	五〇	五一一	五六〇	散文	文德論
	祖珽	孝徵	范陽				詩・散文	修文殿御覽
	蕭愨	仁祖	南蘭陵				詩	
	朱瑒						散文	
	劉逖	子長	彭城	四九	五二五	五七三	詩	
北周	王褒	子淵	臨沂	六四	五〇〇	五六三	駢文・詩	王司空集
	柳虯	仲蟠	河東	五四	五〇一	五五四	文學理論	
	庾信	子山	新野	六九	五一三	五八一	駢文・詩・賦	庾子山集
	顏之推	介	臨沂		五三一		賦・散文・小說	顏氏家訓・還寃記
	盧思道	子行	范陽	五二	五三四	五八五	詩	盧武陽集

第三章　六朝唯美文學之內涵

藝術可分爲兩大派：一爲人生派，一爲唯美派。爲人生的藝術（卽西洋所謂Art for life's sake）者，謂之人生派（亦可謂之自然派）。爲藝術的藝術（卽西洋所謂Art for art's sake）者，則謂之唯美派（亦可謂之形式派）。人生派的藝術，乃重視生活方面，不求作品之工巧，形式之美觀，但求淡雅純樸，合乎自然，蓋此派藝術純以表現人生爲極則者也。在吾國發揚此宗派而挺譽千秋者，一爲陶潛，一爲王維。而唯美派的藝術則不然，不但重視內容之充實，尤其重視形式之美觀，亦卽特別講求音律鏗鏘，詞采葱蒨，雕繢滿眼，刻畫入微，蓋此派藝術純以表現作品本身之華美爲極則者也。在吾國發揚此宗派而光映百代者，厥爲魏晉南北朝文學家。近人朱光潛氏云：

> 德國學者常把詩分爲民間詩（Volkpoesie）與藝術詩（Kunstpoesie）兩類，以爲民間詩全是自然流露，藝術詩纔根據藝術的意識與技巧，有意地刻畫美形相。（詩論）

可見藝術至上主義之文學固非中土所獨有也。

在文壇上，古典主義（Classicism）一派夙爲歐洲文藝思潮之主流，十八世紀中葉以後，逐漸爲浪漫主義（Romanticism）一派所取代，此派之特徵有三：

(1)主張發展個性，表現自我，重視主觀的情感與想像，破除一切形式規律。

(2)好奇尚美，强調文藝自由，以文藝美術爲人生最高尚的意義。

(3)具有革命精神，反抗一切束縛個人自由之因襲道德與社會法度。

實則此種個人主義之浪漫文學思想，早在一千七百年前卽已彌漫於中國矣。當時(卽魏晉之際)之文人，感於世亂日亟，生命無常，於是不遁於莊，卽遁於佛，而詩文則力求其美化，俾達於藝術美之極致，故謂六朝文人爲西歐浪漫主義之初祖亦無不可。

嚴格言之，吾國之唯美文學並不始於六朝，遠在詩經時代卽已肇其端緒，國風類皆里巷歌謠之純文學作品，一本性情之眞，發綿麗之旨，乃三百篇中最精彩之部分也。其後儒學獨尊，敎化大行，文學的載道思想與功用主義深中人心，牢不可破，卽十五國風亦被披上濃厚的倫理色彩矣。

惟自東漢建安以後，詩文辭賦逐漸脫離載道與致用之樊籠，而邁向藝術的唯美路線馳騁，使純文學獲得獨立之生機，由爲他人的功用文學一變而爲個人的言志文學，再變而爲藝術至上的唯美文學。易詞言之，卽是由周漢之功用主義變爲魏晉之個人主義，再變爲南朝之唯美主義。蓋自漢末干戈雲擾，下迄晉室傾覆，其間二百餘年，爲中國政治最紊亂，而思想又最自由之時代。簒奪相繼，夷狄交侵，民生窮困，社會不安。重以儒家學術之衰落，道佛思想之興起，於是人皆厭世，逸樂苟生，俗尚淸談，玄虛放誕，個人主義之浪漫思潮，遂氾濫於天下，伊古以來，得未曾有。文學爲時代之反映，自必亦擺脫往昔傳統觀念之束縛，獲得獨立發展之機會，而風華絕代、儀態萬千之作品遂應運而生矣。此種神秘玄虛之浪漫文學緜延至於南北朝，不僅未曾遭遇發展上之任何阻礙，且在此一百六十餘年間，無論政治環境，學術思想，以及外來因素，皆以直接的或間接的影響，使其在內容上推陳出新，千變萬化，外形上更是簒組輝華，宮商諧協，因而激起唯美主義之高潮，造成獨立自覺的純文學之黃金時代。蓋一般作者認爲文學有獨立之生命，以美爲最高價值，美之價值卽藝術之價值。所謂美者，純指技巧之美與形式之美，一篇作品，祇須音韻鏗鏘，辭采紛披，卽已達成文學之使命，並無經世與致用之要求，後人所謂『上以補察時政，下以洩導人情』，『篇篇無空文，皆歌生民痛』之觀念，皆不存在於彼等之腦際。推原其故，則國難迍邅，社會亂離有以致之也。荀子曰：

亂代之徵，文章匿而采。

可謂一語中的。吾師成楚望先生更暢論之曰：

南朝是一個變亂紛乘，人命微賤的時代，也是純文學高度發展的黃金時代。當時文人爲了苟全性命，都爭先恐後地鑽進了文學的象牙之塔，其逃避現實的心理，與名士之沈湎清談，隱士之養志田園，如出一轍。按理，國家的內憂外患，同胞的悲啼血淚，都是文學創作的大好題材，而南朝文士對這些似乎都視若無睹，在他們筆下出現的，不是田園山水，就是玄理神仙，再不然就是醇酒美人，這種種祥和安樂的幻景背後，實際上隱藏著一幢幢萎縮的靈魂。有人說文學是苦悶的象徵，就南朝文學而言，這眞是最好不過的解釋了。在這種環境下，漢魏文學那種古樸雅正、文質並重的作風，無疑要日趨沒落，而藝術至上的唯美主義自然要日漸擡頭。太康的駢偶對仗，元嘉的雕琢隸事，以至齊梁的宮商聲病，一波波高潮，把藝術技巧推展到了巔峯。（詩品與鍾嶸）

誠精當不易之論也。要而言之，此種旖旎風華之美術文學（belles-lettres），不但在文學表達之技術上出神入化，亦且將中國文學的形、音、義三者之美發揮無遺，是最足以表現中國文學之特色，其崇高地位與永恆價值，非世界任何國家之文學所能相提並論，去此則中國文學將減價不少矣。近儒劉師培氏云：

儷文律詩爲諸夏所獨有，今與外域文學競長，惟資斯體。（中古文學史）

王國維氏亦云：

凡一代有一代之文學，楚之騷，漢之賦，六代之駢語，唐之詩，宋之詞，元之曲，皆所謂一代之文學，而後世莫能繼焉者也。（宋元戲曲史自序）

言六朝唯美文學爲中國文學之瑰寶，洵的論也。惟歷代文家之不慊意於斯體者甚多，隨聲附和者尤多，雖更僕亦難悉數。梁裴子野首先發難曰：

古者四始六藝，總而爲詩，既形四方之風，且章君子之志。勸美懲惡，王化本焉。後之作者，思存枝葉，繁華蘊藻，用以自通。……爰及江左，稱彼顏謝。箴繡鞶帨，無取廟堂。宋初迄於元嘉，多爲經史，大明之代，實好斯文。高才逸韻，頗謝前哲，波流相向，滋有竺焉。自是閭閻年少，貴遊總角，罔不擯落六藝，吟詠情性，學者以博依爲急務，謂章句爲專魯，淫文破典，斐爾爲功。無被于管絃，非止乎禮義。深心主卉木，遠致極風雲。其興浮，其志弱，巧而不要，隱而不深，討其宗途，亦有宋之遺風也。若季子聆音，則非興國，鯉也趨室，必有不敢。荀卿有言：『亂代之徵，文章匿而采。』豈近之乎。（雕蟲論）

其論重在江左文人擯落六藝，以吟詠性情爲務，內容不外卉木風雲，有乖王化之本。隋初李諤承襲裴氏之意曰：

降及後代，風教漸落。魏之三祖，更尚文詞，忽君人之大道，好雕蟲之小藝。下之從上，有同影響，競騁文華，遂成風俗。江左齊梁，其弊彌甚，貴賤賢愚，唯務吟詠。遂復遺理存異，尋虛逐微，競一韻之奇，爭一字之巧。連篇累牘，不出月露之形，積案盈箱，唯是風雲之狀。世俗以此相高，朝廷據茲擢士。祿利之路既開，愛尚之情愈篤。於是閭里童昏，貴遊總角，未窺六甲，先製五言。至如羲皇舜禹之典，伊、傅、周、孔之說，不復關心，何嘗入耳。以傲誕爲清虛，以緣情爲勳績，指儒素爲古拙，用詞賦爲君子。故文筆日繁，其政日亂，良由棄大聖之軌模，構無用以爲用也。損本逐末，流徧華壤，遞相師祖，久而愈扇。（隋書本傳）

唐李翶亦曰：

建武以還，文卑質喪，氣萎體敗，剽剝不讓，儷花鬥葉，顛倒相尚。（祭韓侍郎文）

而宋蘇軾之論一出，尤足震撼文壇，聳人聽聞。

自東漢以來，道喪文弊，異端並起，歷唐貞觀開元之盛，輔以房杜姚宋而不能救。獨韓文公起布衣，談笑而麾之，天下靡然從公，復歸於正，蓋三百年於此矣。文起八代之衰，道濟天下之溺。（潮州韓文公廟碑）

鄙薄六朝唯美文學，不留餘地，甚且詆爲『淫文破典』，『損本逐末』，『顛倒相尚』，『八代之衰』云云，完全站在教化與實用立場以立說，一筆抹殺純文學之崇高價值，是坐不知美術文與實用文之殊也。

蓋嘗論之，實用文與美術文略有差別，實用文原是一種工具，其作用大致可分爲記載事物，發表意見，傳達思想，抒寫情感等。惟美術文則有時專爲寫作而寫作，其作品並未打算與他人讀，乃至不希望有人讀。

然則此等作品更有何用處，不幾等於廢物矣乎。是又不然，蓋文學工具說乃知識作用，而人類於求知之外，尙有所謂精神，爲寫作而寫作之美術文，卽精神作用也。由是言之，則此類美術文之價值殊不減於實用之文，或有過之。惟此類作品，多屬於韻文與唯美文學方面。據梁啓勳說見中國韻文概論唯美文學尤其是駢體文設色穠麗，遣詞斑斕，窈曲往復，蘊涵萬端，無處不見良工心苦，雖不必篇篇盡是經國之鴻文，而其足資陶冶性情，移易氣質，則可斷言。譬之珠玉珍玩，飢不可食，寒不可衣，而人貴之者，以其美觀悅目，可供欣賞也。又如雅樂律呂，皆非經世牖民之所急需，而各級學校責學子以必習者，以音樂可以移情，可以美化人生，丹青可以賞心，可以淨化性靈也。然則唯美文學之功用，寧有異於是哉。

近儒王國維氏嘗以中國唯美文學於演進期間，屢遭阻厄，卒不得綿延發皇，久安於純化之境地，而深致慨歎曰：

『自謂頗騰達，立登要路津，致君堯舜上，再使風俗醇。』非杜子美之抱負乎。『胡不上書自薦達，坐令四海如虞唐。』非韓退之之忠告乎。『寂寞已甘千古笑，馳驅猶望兩河平。』非陸務觀之悲憤乎。如此者，世謂之大詩人矣。至詩人之無此抱負者，與夫小說、戲劇、圖畫、音樂諸家，皆以侏儒優倡自處，世亦以侏儒優倡畜之。所謂『詩外尙有事在』，『一命爲文人，便無足觀』，我國人之金科玉律也。烏呼，美術之無獨立之價值也久矣。此無怪歷代詩人多託於忠君愛國勸善懲惡之意以自解免，而純粹美術上之著述，往往受世之迫害，而無人爲之昭雪者也。以是之故，所謂詩歌者，則詠史、懷古、感事、贈人之題目，彌漫充塞於詩界，而抒情敍事之作，什百不能得一，其有美術上之價值者，僅其寫自然之美之一方面耳。甚至戲曲小說之純文學，亦往往以懲勸爲恉，其有純粹美術之目的，世非惟不知貴，且加貶焉。故曰『中國無純文學』也。（靜庵文集）語氣何等沈痛，觀此可以知其癥結之所在，而載道與尚用之說，皆遮蔽文學之翳障，從亦可尋其根柢矣。

魏晉南北朝之唯美文學，無論內容形式，皆異於前代，亦異於後代，乃卓然獨立之特殊文體也，語其特徵，約得四端，分述之如下：

一、對偶精工

凡自然界之名物，本多對峙，如天地、河岳、男女、動植物等皆是。故詩文中排偶之詞句，各國皆有之（詳見拙著中國駢文發展史第一章第一節），惟長篇對仗爲中國所特多，亦中國所獨有耳。良以中國文字爲孤立與單音（monosyllabic－isolating language），故長短取捨，至能整齊。言乎對仗之用，蓋與文字以俱來，苟無對仗，不但文有不美，亦且意有不達，故上自群經諸子，下逮小說白話，旁及語錄佛書，無論聖賢豪傑，英雄兒女，但欲爲文，但欲達意，必求利用對仗。而唯美文學固以對仗爲第一要件，匪惟字字相稱，句句相儷，而意義、詞性、音節、形體等亦無一不相稱相儷者，將對稱之整齊美發揮至於極峯，風行中國文壇達四百年之久，讀曾國藩之湖南文徵序可以知也。

自東漢至隋，文人秀士，大抵義不孤行，辭多儷語。即議大政，考大禮，每每綴以排比之句，間以婀娜之聲。

東漢時代，雙行意念之表現於文詞者，雖已屢見不鮮，然皆『文章天成，妙手偶得』之作，尚未普及於世也。至建安時代，此種意念始漸入於作家之腦海中，故建安群材實唯美文學之前驅。玆遴載一二，俾知其凡。

髣髴兮若輕雲之蔽月，飄颻兮若流風之廻雪。（曹植洛神賦）

山岡有餘映，巖阿增重陰。（王粲七哀詩）

菱芡覆綠水，芙蓉發丹榮。（曹丕於玄武陂作詩）

君若清路塵，妾爲濁水泥。（曹植七哀詩）

時俗薄朱顏，誰爲發皓齒。（曹植雜詩）

從軍度函谷，驅馬過西京。（曹植贈丁儀王粲詩）

微風起閨闥，落日照階庭。（徐幹情詩）

苟全性命於亂世，不求聞達於諸侯。（諸葛亮前出師表）

漢賊不兩立，王業不偏安。（諸葛亮後出師表）

臣聞士之生世，入則事父，出則事君，事父尚於榮親，事君貴於興國，故慈父不能愛無益之子，仁君不能畜無用之臣。夫論德而授官者，成功之君也，量能而受爵者，畢命之臣也，故君無虛授，臣無虛受，虛授謂之謬舉，虛受謂之尸祿，詩之素餐所由作也。（曹植求自試表）

洎乎晉代，詞人才子，雲蒸泉湧，所作詩文，大抵編字不隻，捶句皆雙，修短取均，奇偶相配。故應以一言蔽之者，輒增爲二言，應以兩句成文者，必分爲四句。而排比屬對，亦力求其工切與流利，較前期作品進步甚多。文心雕龍麗辭篇云：『魏晉群材，析句彌密，聯字合趣，剖毫析釐。』沈德潛說詩晬語亦云：『士衡詩開出排偶一派，西京以來空靈矯健之風不復存矣。』觀陸機等諸子之作，可以知其消息矣。

臣聞遯世之士，非受匏瓜之性，幽居之女，非無懷春之情。是以名勝欲，故偶影之操矜，窮愈達，故凌霄之節厲。（同上）

臣聞虐暑熏天，不減堅冰之寒，涸陰凝地，無累陵火之熱。是以呑縱之强，不能反蹈海之志，漂鹵之威，不能降西山之節。（陸機演連珠）

外無期功彊近之親，內無應門五尺之僮。（李密陳情表）

或取諸懷抱，晤言一室之內，或因寄所託，放浪形骸之外。（王羲之蘭亭集序）

金風扇素節，丹霞啓陰期。（張協雜詩）

峥嵘玄圃深，嵯峨天嶺峭。（張協遊仙詩）

鬱鬱澗底松，離離山上苗。（左思詠史詩）

朱實隕勁風，繁英落素秋。（劉琨重贈盧諶詩）

臨源挹清波，陵岡掇丹荑。（郭璞遊仙詩）

下逮南朝，對偶愈工，手法愈細，通篇屬對到底之篇什，觸目皆是，而句法靈動，變化莫測，尤非中朝諸子所能夢見。三唐四六之文，格律之詩，悉於此濬其源焉。新唐書宋之問傳云：

魏建安後迄江左，詩律屢變。至沈約庾信以音韻相婉附，屬對精密。

胡應麟詩藪亦云：

晉宋之交，古今詩道之大限乎。魏承漢後，雖寖尚華靡，而淳朴餘風，隱約尚在。……士衡安仁一變而排偶開矣，靈運延年再變而排偶盛矣，玄暉三變而排偶愈工，淳朴愈散，漢道盡矣。

觀此則南朝詩體由單趨複，由散趨駢之軌跡，乃釐然可尋。今略舉數首於次，以資比較。

少無適俗韻，性本愛丘山。誤落塵網中，一去三十年。羈鳥戀舊林，池魚思故淵。開荒南野際，守拙歸園田。方宅十餘畝，草屋八九間。楡柳蔭後檐，桃李羅堂前。曖曖遠人村，依依墟里烟。狗吠深巷中，雞鳴桑樹顚。戶庭無塵雜，虛室有餘閒。久在樊籠裏，復得返自然。陶潛歸園田居詩

步出西城門，遙望城西岑。連障疊巘崿，青翠杳深沈。曉霜楓葉丹，夕曛嵐氣陰。節往慼不淺，感來念已深。羈雌戀舊侶，迷鳥懷故林。含情尚勞愛，如何離賞心。撫鏡華緇鬢，攬帶緩促衿。安排徒空言，幽獨賴鳴琴。謝靈運晚出西射堂詩

茲山亙百里，合沓與雲齊。隱淪既已託，靈異居然棲。上干蔽白日，下屬帶迴谿。交藤荒且蔓，樛枝聳復低。獨鶴方朝唳，饑鼯此夜啼。渫雲已漫漫，夕雨亦淒淒。我行雖紆組，兼得尋幽蹊。緣源殊未極，歸徑窅如迷。要欲追奇趣，即此陵丹梯。皇恩竟已矣，茲理庶無暌。謝朓遊敬亭山詩

夙齡愛遠壑，晚莅見奇山。標峯綵虹外，置嶺白雲間。傾壁忽斜豎，絕頂復孤圓。歸海流漫漫，出浦水濺濺。野棠開未落，山櫻發欲然。忘歸屬蘭杜，懷祿寄芳荃。眷言採三秀，徘徊望九仙。沈約早發定山詩

洞庭春溜滿，平湖錦帆張。沅水桃花色，湘流杜若香。穴去茅山近，江流巫峽長。帶天澄迴碧，映日動浮光。行舟逗遠樹，度鳥息危檣。滔滔不可測，一葦詎能航。（陰鏗渡青草湖詩）

別席慘無言，離悲兩相顧。君登蘇武橋，我見楊朱路。關山負雪行，河水乘冰渡。顧子著朱鳶，知余在玄菟。（庾信別張洗馬樞詩）

南朝駢儷之文，亦與詩體同一步調，而徐陵庾信且開四六間隔作對之風。蓋自陸機演連珠及豪士賦序出，而後文章之四六句法始日益繁多，惟其作對，不過上句對下句，卽偶有間隔作對，亦往往多用四言，至通篇以四六句間隔作對，則自徐庾始。玆特舉南朝晚期諸子之作，以見一臠。

臣聞封唐有聖，還承帝嚳之家，居代維賢，終纂高皇之祚。無爲稱於華舄，至治表於垂衣。而撥亂反正，非聞前古。至如金行重作，源出東莞，炎運猶興，枝分南頓。豈得掩顯姓於軒轅，非才子於顓頊。莫不因時多難，俱繼神宗者也。（徐陵勸進元帝表）

昔仙人導引，尚刻三秋，神女將疏，猶期九日。未有龍飛劍匣，鶴別琴臺，莫不銜怨而心悲，聞猿而下淚。人非新市，何處尋家，別異邯鄲，那應知路。想鏡中看影，當不含啼，欄外將花，居然俱笑。分杯帳裏，卻扇牀前，故是不思，何時能憶。當學海神，逐潮風而來往，勿如織女，待塡河而相見。（庾信爲梁上黃侯世子與婦書）

鶴籥晨啓，雀釵曉映，恭承盛典。肅荷徽章。步動雲袿，香飄霧縠，媿纚豔粉，無情拂鏡。愁縈巧黛，息意臨牕。妾聞漢水贈珠，人間絕世，洛川拾翠，仙處無雙。或有風流行雨，窈窕初日，聲高一笑，價起兩環。乃可桂殿迎春，蘭房侍寵。借班姬之扇，未掩驚羞，假蔡琰之文，寧披悚戴。（江總爲陳六宮謝表）

至於對仗之法，文心雕龍麗辭篇列擧四對，以爲言對爲易，事對爲難，反對爲優，正對爲劣。並擧實例以明之曰：

言對者，雙比空辭者也。事對者，並擧人驗者也。反對者，理殊趣合者也。正對者，事異義同者也。長卿上林賦云：『修容乎禮園，翺翔乎書圃。』此言對之類也。宋玉神女賦云：『毛嬙鄣袂，不足程式，西施掩面，比之無色。』此事對之類也。仲宣登樓云：『鍾儀幽而楚奏，莊舃顯而越吟。』此反對之類也。孟陽七哀云：『漢祖想枌榆，光武思白水。』此正對之類也。凡偶辭胸臆，言對所以爲易也，徵人之學，事對所以爲難也，幽顯同志，反對所以爲優也。並貴共心，正對所以爲劣也。又以事對，各有反正，指類而求，萬條自昭然矣。

惟自劉宋以後，對仗之方法繁多，約略言之，有如下列：

(1)單句對

高唐礙雨，洛浦無舟。（庾信望美人山銘）

(2)偶句對

堯風沖天，潁陽振飲河之談，漢德括地，商陰峻餐芝之氣。（陶宏景解官表）

(3)借　對

雁行攸序，龍作闓才。（江總陸尚書誄）

(4)當句對

三臺妙跡，龍伸蠖屈之書，五色花牋，河北膠東之紙。徐陵玉臺新詠序

(5)雜　對

某窮途異縣，歧路他鄉，非無阮籍之悲，誠有楊朱之泣。蕭統中呂四月啓

(6)異名對

鳳不去而恆飛，花雖寒而不落。庾信謝趙王賚白羅袍袴啓

(7)雙聲對

想像崑山姿，緬邈區中緣。謝靈運登江中孤嶼詩

(8)疊韻對

荒林紛沃若，哀猿相叫嘯。謝靈運七星瀨詩

(9)雙聲對疊韻

琉璃硯匣，終日隨身，翡翠筆牀，無時離手。徐陵玉臺新詠序

(10)疊韻對雙聲

側徑既窈窕，環洲亦玲瓏。謝靈運於南山往北山經湖中瞻眺詩

(11)疊字對

日黯黯而將暮，風騷騷而渡河。梁元帝蕩婦秋思賦

(12)迴文對

春草暮兮秋風驚，秋風罷兮春草生。（江淹恨賦）

⒀聯綿對

邈若墜雨，翩似秋蔕。（謝朓拜中軍記室辭隨王牋）

⒁雙擬對

林慚無盡，澗愧不歇。（孔稚珪北山移文）

⒂正名對

卽石成基，憑林起棟。（祖鴻勳與陽休之書）

⒃數字對

心契九秋榦，目玩三春荑。（謝靈運登石門最高嶺詩）

⒄彩色對

白雲抱幽石，綠篠媚清漣。（謝靈運過始寧墅詩）

二、韻律和諧

前已言之，中國文字之特質爲孤立與單音，惟其爲孤立，故宜於講對偶，亦卽意義之排偶。惟其爲單音，故宜於務聲律，亦卽聲音之對仗。前者在先秦兩漢之詩文辭賦中已試用日繁，開啓駢儷之風。至於後者，古人雖亦注意及之（如西京雜記載司馬相如之言曰：一經一緯，一宮一商，此賦之跡也。），不過重自然音調之和諧，猶未作人爲聲律之限制，卽沈約所謂『高言妙句，音韻天成，皆暗與理合，匪由思至』（宋書謝靈運傳論）者也。文心雕龍聲律篇曰：

夫音律所始，本於人聲者也，聲含宮商，肇自血氣，先王因之，以制樂歌。

又附會篇曰：

夫才量學文，宜正體制，必以情志爲神明，事義爲骨髓，辭采爲肌膚，宮商爲聲氣。

近儒黃侃先生更詳言之曰：

至於調和聲律，本愜人情。觀夫琴瑟專壹，不能爲聽，語言哽介，不能達懷。故絲竹有高下之均，宜唱貴清英之響。然則文詞之用，以代語言，或流絃管，焉能廢斯樂語，求諸鄙言，以調喉娛耳爲非，以蹇吃冗長爲是哉。（書後漢書論贊）

推勘文貴聲律之理，至爲昭晰。

至建安以後，曹植屬意佛經，深愛聲律（見高僧傳），李登復著聲類，音別清濁，韻判宮商，自是詩文之音節，日益諧美，與前代異趣。如曹操之苦寒行，讀之覺其蒼涼悲壯，曹丕之燕歌行，讀之覺其悠揚委婉。而曹植仙人篇之『四海一何局，九州安所如。』贈白馬王彪詩之『孤魂翔異域，靈柩寄京師。』聖皇篇之『鴻臚擁節旄，副使隨經營。』情詩之『游魚潛綠水，翔鳥薄天飛，始出嚴霜結，今來白露晞。』以至贈徐幹、送應氏、名都篇、美女篇諸詩，尤弦管調協，聲光並茂，變前修而啓後哲，爲五言轉捩之一樞，亦卽漢魏詩體所由判也。此一變也。

太康年間，陸機特起，除重視詩文之視覺效果外，更追求聽覺效果，其文賦云：

其爲物也多姿，其爲體也屢遷，其會意也尚巧，其遣言也貴妍。暨音聲之迭代，若五色之相宣。雖逝止之無常，固崎錡而難便。苟達變而識次，猶開流以納泉。如失機而後會，恆操末以續顛。謬玄黃之秩敘，故淟涊而不鮮。

言行文之次序，有如一首樂曲，其音調之組織排列，必力求悅耳動聽，始能達到和諧的音樂美。故『文徽徽以溢目，音泠泠而盈耳』（文賦）之作品，乃陸氏所最心醉者也。而兩晉作手如潘岳張協左思之倫，下逮劉琨郭璞孫綽諸子，其詩賦駢體，莫不比響聯詞，精協宮商，極抑揚頓挫之致。此再變也。

至於元嘉，范曄繼作，有意將自然之音調，制爲人工之音律。其與諸甥姪書云：

性別宮商，識清濁，斯自然也。觀古今文人多不會了此處，縱有會此者，不必從根本中來，言之皆有實證，非爲空談。

其論較陸機切實多矣。惟范氏殫精惇史，雕蟲之藝，寥寥數篇耳，無由觀其風貌。其踐履篤行而光大之者，當數謝靈運。靈運山水諸作，最足以表現宋初詩歌重視寫作技巧之特色，其詩除富有顏色美、圖案美外，尤富有聲音美。詩中多描摹大自然風、鳥、猿、禽之幽淒聲響，更靈活運用雙聲字、疊韻字、重疊字、重疊詞、聯邊字等，使句子特別嘹亮，以增加詩中之音響效果。下舉各詩，乃絕佳之左驗矣。

潛虬媚幽姿，飛鴻響遠音。（登池上樓）

池塘生春草，園柳變鳴禽。（同上）

活活夕流駛，噭噭夜猿啼。（登石門最高頂）

清霄颺浮煙，空林響法鼓。（過瞿溪山飯僧）

秋泉鳴北澗，哀猿響南巒。（登臨海嶠）

猿鳴誠知曙，谷幽光未顯。（從斤竹澗越嶺溪行）

嚶鳴已悅豫，幽居猶鬱陶。（酬從弟惠連）

早聞夕飇急，晚見朝日暾，崖傾光難留，林深響易奔。（石門新營所住四面高山廻溪石瀨茂林修竹）

鳥鳴識夜棲，木落知風發，異音同致聽，殊響俱清越。（石門巖上宿）

奔騰永嘉末，逼迫太元始。（述祖德詩）

感往慮有復，理來情無存。（石門新營所住四面高山廻溪石瀨茂林修竹）

蘋萍泛沈深，菰蒲冒清淺。（從斤竹澗越嶺溪行）

昏旦變氣候，山水含清暉，清暉能娛人，遊子憺忘歸。（石壁精舍還湖中作）

火逝首秋節，明經弦月夕，月弦光照戶，秋首風入隙。（七夕詠牛女）

苕苕歷千載，遙遙播清塵，清塵竟誰嗣，明哲垂經綸。（述祖德詩）

悽悽陵霜柏，網網衝風菌。（臨終詩）

餘若顏延之鮑照謝莊諸人之作，亦皆瓌詞雄響，音節高亮，與大謝同。此三變也。

永明之末，沈約謝朓王融以聲氣相通，而周顒善識音律。王融始以四聲爲詩，沈約繼之，遂啓唐律，謝朓尤多唐音，大爲古近詩體衍變之樞，一時號永明宮商之論。自是通國上下，競尚新裁，凡有製作，莫不字別平仄，音分清濁，絺章繪句，振藻揚葩，使文學面目煥然一新，更趨於形式與技術之極端唯美。阮元四六叢話後序云：

> 彥昇休文，肇開聲韻，輕重之和，擬諸金石，短長之節，雜以咸韶，蓋時會使然，故元音盡泄也。

大抵沈約之論，正與古體相反，故是近體之律，雖貽譏於明哲（如鍾嶸），實後賢之功魁。此四變也。

降及梁陳文風大盛，騈文變爲四六，古詩變爲新體，一切雜文小品，無不趨於聲律化，騈偶化。梁書庾肩吾傳云：

> 齊永明中，文士王融謝朓沈約文章始用四聲，以爲新變，至是轉拘聲韻，復踰於往時。

在詩方面，若蕭綱之折楊柳，何遜之慈姥磯，徐陵之別毛永嘉，庾信之詠畫屏風詩，陰鏗之晚泊五洲諸篇，已儼然唐律面目，置諸王楊沈宋集中，恐不復易辨。在騈文方面，則以徐陵庾信之成就最大，二人所作，頗變舊體，巍然爲四六宗師。許槤評徐陵玉臺新詠序云：

> 騈語至徐庾，五色相宣，八音迭奏，可謂六朝之渤澥，唐代之津梁。（六朝文絜）

評庾信鏡賦云：

> 選聲鍊色，此造極巓，吾於子山無復遺恨矣。（同上）

又評燈賦云：

> 音節韻健，光采煥鮮，六朝中不可多得。（同上）

謂二人在調聲上有特殊成就，極爲有見。今各舉一例，以見其體。

徐陵玉臺新詠序：

九日(仄)登高(平)，時有(仄)緣情(平)之作(仄)。

萬年(平)公主(仄)，非無(平)誄德(仄)之辭(平)。

庾信謝滕王集序啓：

蒲桃(平)繞館(仄)，新開(平)碣石(仄)之宮(平)。

修竹(仄)夾池(平)，始作(仄)睢陽(平)之苑(仄)。

沈約謂詩文『前有浮聲，則後須切響。』（見宋書謝靈運傳論）浮聲切響云者，卽調平仄之事也。第永明諸子，雖心知其然，而不克親自實踐，必待徐庾二子出，而後始進入『字協平仄，音調馬蹄』之規範矣。此五變也。

三、典故繁多

文學乃緣歷史以發生，人不習知歷史，則不能從事文學之硏究，此中國文史所以恆爲一體，不容分割也。夫典，事也，所謂典故，古之事也，亦卽歷史之事也。是以典之定義，凡引證歷史中事實及前人言語入於文者，皆曰典故，前者謂之『用事』，後者謂之『用詞』。苟不能禁人斷絕歷史知識，則不能禁人不引用古事，卽不能禁人不引用典故，矧用典且爲修辭之一法乎。（參用近人吳芳吉氏再論吾人眼中之新舊文學觀之說）文學作品之用典者，無間中外，所在多是，以言英文習見之典，報章雜誌中可時時發見之，譬如我國人言『千鈞一髮』，英文則言『the sword of Domocles』，我國人言『快刀斬亂麻』，英文則言『to cut the Gordian's Knot』，非大用而特用乎，亦何傷其爲流暢之作品耶。是以典非不可以用，祇看各人能不能用，善不善用，詩文修辭之法，不止白描一端，固夫人而知之者也。文心雕龍事類篇曰：

事類者，蓋文章之外，據事以類義，援古以證今者也。

所謂『事類』，卽引事比類，亦卽舊時所謂『用典』，今世所謂『引用』是也。近人劉永濟釋之曰：

文家用古事以達今意，後世謂之用典，實乃修辭之法，所以使言簡而意賅也。故用典所貴，在於切意，切意之典，約有三美：一則意婉而盡，二則藻麗而富，三則氣暢而凝。（文心雕龍校釋麗辭篇）

又曰：

文家用典，亦修辭之一法。用典之要，不出以少字明多意，其大別有二：一用古事，二用成辭。用古事者，援古事以證今情也。用成辭者，引彼語以明此義也。（文心雕龍校釋事類篇）

黃侃先生於文家引言用事，尤多卓見：

齊梁而後，聲律對偶之文大興，用事采言，尤關能事。其甚者，捃拾細事，爭疏僻典，以一事不知爲恥，以字有來歷爲高。文勝而質漸以漓，學富而才爲之累，此則末流之弊，故宜去甚去奢，以節止之者也。然質文之變，華實之殊，事有相因，非由人力。故前人之引言用事，以達意切情爲宗，後有繼作，則轉以去故就新爲主。陸士衡云：『雖杼軸於余懷，怵他人之我先，苟傷廉而愆義，故雖愛而必捐。』豈唯命意謀篇，有斯懷想，卽引言用事，亦如斯矣。是以後世之文，轉視古人增其繁縟，非必文士之失，實乃本於自然。今之訾謷用事之文者，殆未之思也。（文心雕龍札記麗辭篇）

言徵引故實，比附今事，爲文章修辭之一助，非作者之失也。吾師成楚望先生更詳言之曰：

(1)用典可以減少文字上的累贅：因爲用典的目的，即在以極少的字句來表達更多的意思，也就是要以最簡要的字句來說明很複雜和很曲折的意思。譬如『沐猴而冠』、『揠苗助長』、『守株待兎』、『得魚忘筌』、『愛屋及烏』、『投鼠忌器』等等，每一句成語都代表一個典故，也都蘊含著很豐富很複雜的意義，如果我們能把有關的故實，很適當地應用到文章裏去，便可省說許多不必要的話。

(2)爲議論找根據：一般人多少帶有一點『信古』心理，我們在文章裏發議論時，拿古人的話或事實來作議論的根據，可以爭取或加强讀者的信心，而使其同意文中的見解。劉彥和在文心雕龍事類篇所說的：『據事以類義，援古以證今』，以及他所列舉書易以次歷代作者『擧人事』『引成辭』的種種情形，也都不外乎這個道理。

(3)便於比況和寄託：有些不易直率表達的意思，或者不願和不可明顯說出的話，祇有用比附、隱喻、暗射、襯託種種方法來委婉代言，而對這些方法在取材上給以便利的，自然要算歷史中『夥頤沈沈』的故事了。像李義山錦瑟詩裏的『莊生曉夢，望帝春心』，重過聖女祠詩裏的『蕚綠華來，杜蘭香去』，解者無慮千百家，但他究竟所說何事，所指何人，除起義山於九原，別人實在無法知道。此即由於義山的身世和遭遇，頗多難言之隱，祇好借用典故來抒寫其『勞者自歌，非求傾聽』的心情，也就管不得別人的懂與不懂了。

(4)用以充足文氣：臨文之際，遇着意盡而文氣不足的時候，可借用典的方法來濟其窮。如孫德謙在六朝麗指中所述：『文章運典，於駢體爲尤要。梁簡文叙南康簡王薨上東宮啓：「伏維殿下愛睦恩深，棠棣天篤。北海云亡，騎傳餘藁，東平告盡，驛問留書。嗚呼此恨，復在茲日。」此陳況古今，並以足其文氣也。儻無北海兩人故事，文至愛睦二語，不將窮於辭乎，故古典不可不諳習也。有此古典，藉以收束，而文氣亦充滿矣。』便是一個很好的例子。（中國文學裏的用典問題）說明文學上何以須用典故之理由，闡幽抉隱，屈曲洞達，彼信口詆娸用典將錮蔽性靈者，允宜三復斯言。

用典隸事，起源甚古，屈宋諸騷，已著先鞭，揚劉張蔡（揚雄劉歆張衡蔡邕），試用日繁，然多屬意到筆隨之作，非有成竹在胸也。爰逮建安，始刻意經營，漸趨美備，觀應璩雜詩可以知其端倪矣。

細微可不愼，隄潰自蟻穴，腠理蚤從事，安復勞鍼石。哲人覩未形，愚夫闇明白，曲突不見賓，燋爛爲上客。思願獻良規，江海倘不逆，狂言雖寡善，猶有如雞跖。雞跖食不已，齊王爲肥澤。

按第二句出淮南子人間訓及韓非子喻老篇，第三句出素問擧痛論，五六兩句出史記，七八兩句出漢書霍光傳，十三十四兩句出呂氏春秋用衆篇及淮南子說山訓。寥寥十四句而用典多達五起，故鍾嶸評其詩曰：『善爲古語，指事殷勤，雅意深篤，得詩人激刺之旨。』可謂知言。

太康以後，用典益繁，潘陸二子，導其先路。潘岳之西征賦幾於一字一典，金谷集作、悼亡、在懷縣作諸詩，亦古事盈篇。而陸機之豪士賦序、五等諸侯論、弔蔡邕文、弔魏武帝文以至短篇之連珠牋啓，隸事之多，匪惟漢魏所無，抑亦晉文中有數之作。例如：

彼洪川之方割，豈一簣之所堙，故尼父之惠訓，智必愚而後賢。諒知道之已妙，曷信道之未堅，忽寧

子之保己，效萇叔之違天。冀澄河之遠日，忘朝露之短年。（弔蔡邕文）

短短十語，幾無句不隸事。又如：

臣聞頓網探淵，不能招龍，振綱羅雲，不必招鳳。是以巢箕之叟，不眄邱園之幣，洗渭之民，不發傅巖之夢。（演連珠）

李兆洛云：『隸事之富，始於士衡。』（駢體文鈔）良然。是後風氣一開，作家遞相追逐，有非用典不足以言佳作之勢焉。率舉數例，繫諸左方。

周任有遺規，其言明且清。（張華答何劭二首之二）

感彼雍門言，悽愴哀往古。（張載七哀詩二首之一）

折衝樽俎間，制勝在兩楹。（張協雜詩十首之五）

馮公豈不偉，白首不見招。（左思詠史八首之一）

荆軻飲燕市，酒酣氣益振。哀歌和漸離，謂若旁無人。（左思詠史八首之六）

惠連非吾屈，首陽非吾仁。（左思招隱二首之二）

廉藺門易軌，田竇相奪移。（曹攄感舊詩）

白登幸曲逆，鴻門賴留侯，重耳任五賢，小白相射鉤。（劉琨重贈盧諶）

李牧鎮邊城，荒夷懷南懼。趙奢正疆埸，秦人折北慮。（盧諶贈崔溫）

漆園有傲史，萊氏有逸妻。（郭璞遊仙詩十四首之一）

是則欲於兩晉詩文中尋求純白描之篇幅，已不可多靚矣。

南朝文士因受前代清談與玄學之影響，作品遂由情韻之表現，轉爲事理之鋪陳，而又處心積慮，欲在修辭技巧上突過前人，於是吐膽嘔心，全力經營，因而造成用典隸事風氣之全盛，使詩文形式完全改觀。其首唱者當推宋之顏延之謝莊，將古詩比興之法，純以用典代之，變其本而新其貌者，則任昉王融也。鍾嶸詩品序云：

觀古今勝語，多非補假，皆由直尋。顏延謝莊，尤爲繁密，于時化之。故大明泰始中，文章殆同書抄。近任昉王元長等，詞不貴奇，競須新事，爾來作者，寖以成俗。遂乃句無虛語，語無虛字。

蕭子顯南齊書文學傳論亦云：

今之文章，作者雖衆，總而爲論，略有三體。……次則緝事比類，非對不發，博物可嘉，職成拘制。或全借古語，用申今情，崎嶇牽引，直爲偶說。

履霜之漸，蓋非一朝一夕之故矣。後進之士，不惟以用典爲能事，甚且廣羅秘書，爭疏僻典，以爲一事不知，學者之恥，一事無據，不以爲高。綿延至於徐庾，用典已臻於登峯造極、出神入化之域，而集六朝之大成，導三唐之先路。試觀以下數聯：

楚王宮內，無不推其細腰，
衞國佳人，俱言訝其纖手。（徐陵玉臺新詠序）

畏南山之雨，忽踐秦庭，

讓東海之濱，遂餐周粟。庾信哀江南賦序

高臺已傾，稷下有聞琴之泣，

壯士一去，燕南有擊筑之悲。庾信思舊銘序

無不神機獨運，妙到毫顛，而又出以典雅之筆，可謂古今獨絕，唯美文學至此，令人歎觀止矣。

考南朝隸事風氣之所以獨盛，原因甚多，累紙所不能盡，要而言之，則編纂類書與隸事競賽是已，今分別述其崖略。

(1)關於編纂類書者　捃摭群書，以類相從，便於檢閱之書曰類書。我國類書編纂最早者爲魏之皇覽，三國志魏志劉劭傳云：

劭黃初中受命集五經群書，以類相從，作皇覽。

是爲類書之濫觴，編纂目的在供詞章家獵取辭藻、綴輯故實之用。其後代有繼作，極盛於梁朝。惟其書多已亡佚，不能見其廬山眞面，憾孰甚焉。玆據隋書經籍志、唐書藝文志、四庫全書總目提要所載類書略目表列如次：

魏晉南北朝類書略表

書名	時代	主編者
皇覽	魏	繆襲等
文章流別集	晉	摯虞
皇覽	宋	何承天
纂要	宋	顏延之
四部要略	南齊	蕭子良
袖中記	梁	沈約
袖中略集	梁	沈約
珠叢	梁	沈約
採璧	梁	庾肩吾
皇覽	梁	
合皇覽目	梁	徐爰
皇覽抄	梁	蕭琛
類苑	梁	劉峻
梁七錄	梁	

備註

(一)歐陽詢藝文類聚序云：『流別文選，專取其文，皇覽徧略，直書其事。』則流別文選亦類書也。

(二)錦帶一書，陳振孫直齋書錄解題題梁元帝撰，而四庫提要則疑爲宋人所撰而附會蕭統耳。未知孰是。

華林徧略	梁	徐僧權
要錄	梁	
壽光書苑	梁	劉杳
科錄	梁	元暉
法寶聯璧	梁	蕭子顯等
文衡	梁	張率
文選	梁	蕭統
文章英華	梁	蕭統
錦帶	梁	蕭統
長春義記	梁	蕭綱
古今同姓名錄	梁	蕭繹
圖書泉海	陳	張式
典言	北魏	李穆叔
修文殿御覽	北齊	祖珽
長州玉鏡		虞綽等
書鈔		

按隸事與類書乃互爲因果，用典多，則類書必應運而生，類書多，則用典之風愈盛，作者不復以自鑄新詞爲高，而以多用事典爲博矣。如鍾嶸詩品評顏延之云：

一句一字，皆致意焉。又喜用古事，彌見拘束，雖乖秀逸，是經綸文雅才。

又評任昉云：

昉既博物，動輒用事。……少年士子，效其如此。

南史王僧孺傳云：

其文麗逸，多用新事，人所未見者，時重其富博。

陳書姚察傳云：

每有製述，多用新奇，人所未見，咸重富博。

當時風氣，於斯可見，嘗鼎一臠，足概其餘矣。

(2)關於隸事競賽者　類書雖肇始於魏之皇覽，然以深藏秘府，一般文人無由得見，自難以尋檢入文，故隸事之風猶未極盛也。南朝吟詠大盛，操觚者衡文角藝，蔚爲風尚，馴至『以一事不知爲恥，以字有來歷爲高』，開此風氣之先者，則非齊之王儉莫屬。自此文士馳騁詞場，競相隸事，呈現空前絕後之奇觀。試稽史册，以窺其凡。

南史王摛傳：

尚書令王儉嘗集才學之士，總校虛實，類物隸之，謂之隸事，自此始也。儉嘗使賓客隸事多者賞之，事皆窮，唯廬江何憲爲勝，乃賞以五花簟、白團扇。坐簟執扇，容氣甚自得。摛後至，儉以所隸示之，曰：『卿能奪之乎。』摛操筆便成，文章既奧，辭亦華美，擧坐擊賞。摛乃命左右抽憲簟，手自掣取扇，登車而去。儉笑曰：『所謂大力者負之而趨。』竟陵王子良校試諸學士，唯摛問無不對。

又陸澄傳：

王儉自以博聞多識，讀書過澄。澄謂曰：『僕少來無事，唯以讀書爲業，且年位已高。令君少便鞅掌王務，雖復一覽便諳，然見卷軸未必多僕。』儉集學士何憲等盛自商略，澄待儉語畢，然後談所遺漏數百十條，皆儉所未覩。儉乃歎服。儉在尚書省出巾箱几案雜服飾，令學士隸事，事多者與之，人人各得一兩物。澄後來，更出諸人所不知事，復各數條，幷奪物將去。

王儉門下才士如雲，皆隸事高手，要當以王摛陸澄爲第一流，何憲爲第二流，雖淵博如儉者，亦不得不甘拜下風矣。又劉顯傳：

沈約爲丹陽尹，命駕造焉。於坐策顯經史十事，顯對其九。約曰：『老夫昏忘，不可受策，雖然，聊試數事，不可至十。』顯問其五，約對其二。陸倕聞之擊席喜曰：『劉郎子可謂差人，雖吾家平原詣張壯武，王粲謁伯喈，必無此對。』其爲名流推賞如此。

沈約與劉顯相見，互相策試經史中事，亦隸事競賽也。又劉峻傳：

梁武帝招文學之士，有高才者多被引進，擢以不次。峻率性而動，不能隨衆沈浮。武帝每集文士策經史事，時范雲沈約之徒皆引短推長，帝乃悅，加其賞賚。會策錦被事，咸言已罄，帝試呼問峻，峻時貧悴冗散，忽請紙筆，疏十餘事，坐客皆驚，帝不覺失色。自是惡之，不復引見。

按梁武爲六朝帝王之佼佼者，在位四十八年，文治武功，彪炳史册，唐宗漢武，差可比隆。惟賦性褊狹，不能容納勝己者，致有江淹『才盡』（見南史本傳）於前，劉峻『寂寞』（見南史本傳）於後。尤其劉峻博極群書，文藻秀出，崔慰祖譽爲『書淫』，又編定類苑一百二十卷，而竟爲武帝所惡，固無怪其有『余逢命世英主，亦擯斥當年』（亦見南史本傳）之歎也。又沈約傳：

約嘗侍宴，會豫州獻栗，徑寸半。帝奇之，問栗事多少，與約各疏所憶，少帝三事。約出謂人曰：『此公護前，不讓卽羞死。』帝以其言不遜，欲抵其罪，徐勉固諫乃止。

君臣以隸事較短長，本屬雅事，以梁武嫉忌，沈約幾乎因此獲罪，易雅事爲僨事矣。又北史藝術徐之才傳：

嘗與朝士出游，遙望群犬競走，諸人試令目之。之才卽應聲云：『爲是宋鵲，爲是韓盧，爲逐李斯東走，爲負帝女南徂。』

北朝受南方風氣影響，亦盛行隸事。脫非之才『聰敏强識，有兼人之敏』，又平日『尤好劇談體語，公私言聚，多相嘲謔』，已成習慣，未必能應聲數典。況且之才幼有神童之目，八歲時造梁周捨宅，聽老子，捨爲設食，乃戲之曰：『徐郎不用心思義，而但事食乎。』之才卽以老子中語答曰：『蓋聞聖人虛其心而實其腹。』捨大嗟歎。年十三卽與南朝士大夫劉孝綽、裴子野、張嵊相往還，隸事之藝固早已爛熟矣。

隸事之風，既彌漫文壇，學者寖以成俗，日久則弊亦隨之，而轉爲穿鑿矣。南史任昉傳云：

既以文才見知，時人云『任筆沈詩』。昉聞甚以爲病。晚節轉好著詩，欲以傾沈，用事過多，屬辭不得流便，自爾都下士子慕之，轉爲穿鑿，於是有才盡之談矣。

於是引起鍾嶸與裴子野之不滿，大張撻伐，分別撰詩品及雕蟲論以非之。惟劉勰則取折衷，所論較爲平允，不涉意氣。劉氏首先說明用典對文章之重要，其次强調用典須切合文章之主題與內容，達到『徵義』『明理』之目的。惟載籍浩繁，欲求靈活運用，必須充實學問，知所抉擇，乃能匠心獨運，純美無疵。其文心雕龍事類篇云：

> 夫薑桂同地，辛在本性，文章由學，能在天資。才自內發，學以外成。有學飽而才餒，有才富而學貧，學貧者迍邅於事義，才餒者劬勞於辭情，此內外之殊分也。是以屬意立文，心與筆謀，才爲盟主，學爲輔佐，主佐合德，文采必霸，才學褊狹，雖美少功。

學既優贍，且須貫通，始能推陳出新，作獨創性的發揮。事類篇云：

> 是以綜學在博，取事貴約，校練務精，捃理須覈，衆美輻輳，表裏發揮。劉劭趙都賦云：『公子之客，叱勁楚令歃盟，管庫隸臣，呵强秦使鼓缶。』用事如斯，可謂理得而義要矣。

又云：

> 凡用舊合機，不啻自其口出，引事乖謬，雖千載而爲瑕。……夫山木爲良匠所度，經書爲文士所擇，木美而定於斧斤，事美而制於刀筆，研思之士，無慚匠石矣。

夫驅遣古事，固盡人所能，惟優劣之判，則胥視各人之巧思耳。

玆參酌前賢及吾師成楚望先生之中國文學裏的用典問題，將六朝文士用典之工劣者列舉如左：

㈠用典之工者

⑴高　妙

便望釋蘿襲袞，出野登朝。（沈約為武帝與謝朏敕）

按上句驟視之如未用典，實則暗用晉書謝安傳論：『褫薜蘿而襲朱組，去衡泌而踐丹墀。』此即所謂暗典，亦即禪家所謂『著鹽水中，無跡有味』是也。邢邵云：『沈侯文章，用事不使人覺，若胸臆語。』（北史本傳）洵非過譽。

⑵適　當

風樹之酷，萬始莫追，霜露之哀，百憂總萃。（梁元帝答群下勸進初令）

按首句用韓詩外傳：『皋魚曰：樹欲靜而風不止，子欲養而親不待。』言父皇初崩，己亦有蓼莪之痛，若皋魚之不能事親也。三句用禮記祭義，亦確切不可移易。

⑶顯　豁

昔伯牙絕絃於鍾期，仲尼覆醢於子路，痛知音之難遇，傷門人之莫逮。（曹丕與吳質書）

按首句出呂氏春秋本味篇，二句出禮記檀弓篇，皆自引而自說明，上下之意，聯貫為一，令人可以互知，而無晦澀破碎之病。

⑷自　然

奢恥宋臣，儉笑王孫。（陶潛自祭文）

按前句用春秋宋桓司馬自為石椁，三年而不成，如此豪奢，卒為孔子所譏故事，見禮記檀弓篇。後句用漢楊王孫臨終時命子將之嬴葬，以身親土故事，見漢書本傳。陶氏謂己死後埋葬，既不必如宋臣之奢，亦不必若王孫之儉，語極自然。

(5)普　遍

日黯黯而將暮，風騷騷而渡河，妾怨回文之錦，君思出塞之歌，相思相望，路遠如何。（梁元帝蕩婦秋思賦）

按第三句用晉書列女傳蘇蕙思夫故事，第四句用西京雜記戚夫人歌出塞曲故事，皆家喻戶曉，平易通行，稍讀書者，類能解之。

(6)寄　託

毛修之埋於塞表，流落不存，陸平原敗於河橋，死生慚恨。反公孫之柩，方且未期，歸連尹之尸，竟知何日。遊魂羈旅，足傷溫序之心，玄夜思歸，終有蘇韶之夢。遂使廣平之里，永滯寃魂，汝南之亭，長聞夜哭。（庾信周大將軍吳明徹墓誌銘）

按此十六句中每兩句用一典，共有典故八起，皆非泛泛引用以示淵博，正以藉此哀其魂羈異國之恨，而亦所以自哀也。良以庾氏丁年出使，飄淪異邦，鄉關之思，無時或紓，與明徹誠屬同病相憐，故撰寫本文，乃能言哀入痛，而惺惺相惜之情，洋溢楮墨之間，李兆洛謂為誌文絕唱，固不誣矣。

(7)靈　動

驚鸞冶袖，時飄韓掾之香，飛燕長裾，宜結陳王之佩。徐陵玉臺新詠序

按第二句用賈充女偷西域貢香與其男友韓壽故事，見晉書賈充傳。第三句指趙飛燕。西京雜記：『趙飛燕立爲皇后，其弟合德上遺織成裾。』第四句指曹植。曹植洛神賦：『願誠素之先達兮，解玉佩以要之。』趙飛燕與曹植相距二百餘年，本不相涉，而作者用『宜』字予以綰合，極新穎靈動之致。

(8)輕　倩

想鏡中看影，當不含涕，欄外將花，居然俱笑。庾信爲梁上黃侯世子與婦書

按范泰鸞鳥詩序：『昔罽賓王獲彩鸞鳥，三年不鳴，夫人曰：嘗聞鳥見其類而後鳴，何不懸鏡以照之。王從其言，鸞睹影悲鳴，哀響中宵，一奮而絕。』首句卽用此事。此爲蕭曄捉刀之作也，丰神飄逸，意態輕盈，柔情綺語，黯然魂銷，其欲不見妒於鴛鴦者，殆不可得，故庾氏不但爲駢體宗師，亦一代香奩高手也。

(二)用典之拙者

(1)浮　濫

吳曾祺涵芬樓文談：『漢魏六朝人文中，更有一種習用語，如稱人之介必曰由夷，稱人之智必曰良平，稱人之孝必曰曾閔，稱人之忠必曰龍比，稱人之辨必曰蘇張，稱人之勇必曰賁育，稱人之貴必曰金

張，稱人之富必曰陶猗。此等語數見不鮮，在今日已成芻狗，不如不用爲妙。』

按成先生云：『例如稱人才學之高，動曰「五車」「八斗」，繩人詩文之美，動曰「繡虎」「雕龍」。不惟浮泛不切，夸飾失常，且已變成「人云亦云」的陳腔濫調。』

(2)生　僻

何殊九枝蓋，薄暮洞庭歸。（徐陵春日詩）

按『九枝蓋』不詳所指。徐孝穆集中若此類者尚多，如奉和山池詩之『鬱島屢遷移』，爲貞陽侯重與王太尉書之『內相外相，終當相屈』等，皆不可解。而梁之王僧孺，陳之姚察，尤多用新事，人所未見，時人既不明其意，後人亦無從查考，是等於杜撰也。蓋文章貴在達意，用典當有所本而爲人所共喻者爲首要，生僻與冷僻之典故固不可用，即當代新事而爲人所罕知者亦不可用。

(3)割　裂

痛心拔腦，有如孔懷。（陸機與長沙顧母書）

按顏氏家訓文章篇云：『詩云：孔懷兄弟。孔，甚也，懷，思也，言甚可思也。陸機與長沙顧母書述從祖弟士璜死，乃言痛心拔腦，有如孔懷。心既痛矣，即爲甚思，何故言有如也。觀其此意，當謂親兄弟爲孔懷。詩云：父母孔邇。而呼二親爲孔邇，於義通乎。』又成先生云：『如以「友于」爲兄弟，「貽厥」爲孫謀，「則哲」爲知人，「曾是」爲在位，古人雖有屢用之者，但割裂文義，究非所宜，吾輩未可貿然蹈襲。』

⑷訛　誤

焉得忘憂草，言樹背與襟。（陸機詩）

按顏師古匡謬正俗云：『伯兮篇云：焉得萱草，言樹之背。毛傳：背，北堂也，謂於堂北種之以忘憂耳。而陸士衡詩云：焉得忘憂草，言樹背與襟。便謂身體前後種之，此亦誤也。』

又成先生云：『凡用某一典故，必先洞悉其內容，明瞭其意義，絕對不可一知半解，稍涉粗疏，或者張冠李戴，妄加引用。』

⑸擬於不倫

昔李斯之受罪兮，歎黃犬而長吟。悼嵇生之永辭兮，顧日影而彈琴。（向秀思舊賦）

按文心雕龍指瑕篇云：『君子擬人，必於其倫。而崔瑗之誄李公，比行於黃虞，向秀之賦嵇生，方罪於李斯，與其失也，雖寧僭無濫，然高厚之詩，不類甚矣。』

又顏氏家訓文章篇云：『陳思王武帝誄：遂深永蟄之思。潘岳悼亡賦：乃愴手澤之遺。是方父於蟲，譬婦爲考也。蔡邕楊秉碑云：統大麓之重。潘尼贈盧景宣詩云：九五思飛龍。孫楚王驃騎誄云：奄忽登遐。陸機父誄云：億兆宅心，敦叙百揆。姊誄云：俔天之和。今爲此言，則朝廷之罪人也。王粲贈楊德祖詩云：我君餞之，其樂洩洩。不可妄施人子，況儲君乎。』

又成先生云：『凡以故事擬人，必須雅稱其人的行誼與身分。若擬於不倫，聚非其類，即可構成文中極大的瑕疵。』

⑹合　掌

宣尼悲獲麟，西狩泣孔丘。（劉琨重贈盧諶詩）

按『合掌』即劉勰所謂『正對』也，其文心雕龍麗辭篇云：『反對爲優，正對爲劣。』對仗合掌，固非上品，隸事合掌，亦非佳篇也。

四、辭藻華麗

昔孔子論文，曰言之無文，行而不遠。又曰文質彬彬，然後君子。皆重視文采之意也。故古來載筆之倫，莫不重文采而尚色澤，其尤慧敏者，甚且吐膽嘔心，織錦成文，務使作品之外形臻於藝術美之極峯，期予讀者以視覺（sense of sight）與嗅覺（olfactory sensation）之雙重美感（sense of beauty），良工心苦，令人起敬。善乎劉彥和之言曰：

聖賢書辭，總稱文章，非采而何。……若乃綜述性靈，敷寫器象，鏤心鳥跡之中，織辭魚網之上，其爲彪炳，縟采名矣。故立文之道，其理有三：一曰形文，五色是也。二曰聲文，五音是也。三曰情文，五性是也。五色雜而成黼黻，五音比而成韶夏，五情發而爲辭章，神理之數也。（文心雕龍情采篇）

又曰：

莊周云辯雕萬物，謂藻飾也。韓非云豔采辯說，謂綺麗也。綺麗以豔說，藻飾以辯雕，文辭之變，於斯極矣。（同上）

皆强調辭華爲文章之要素，亦修辭之一法，其與西洋修辭學之目的論、必要論、功能說若合符節，可謂中西一揆，遙相輝映矣。

詩賦文章之日趨華麗，蓋始於東漢，觀文選所錄傅毅、班固、張衡、蔡邕之作，面目迥異西京，可以知也。潛夫論務本篇云：

東漢學問之士，好語虛無之事，爭著雕龍之文。

然多半純任自然，未作人工之刻意塗澤。建安以下，文士有一種新的覺醒，文學亦擺脫儒學之羈勒，而飛速向唯美之途邁進。當時作者一致主張追逐綺縟、纂組藻采爲文學之第一條件，玆掇錄一二，以見大凡。

魏曹丕典論論文：

詩賦欲麗。

晉陸機文賦：

詩緣情而綺靡，賦體物而瀏亮。

其會意也尚巧，其遣言也貴妍，曁音聲之迭代，若五色之相宣。

藻思綺合，清麗芊眠，炳若縟繡，悽若繁絃。

梁蕭統文選序：

若夫椎輪爲大輅之始，大輅寧有椎輪之質，增冰爲積水所成，積水曾微增冰之凜，何哉？蓋踵其事而增華，變其本而加厲，物既有之，文亦宜然。

若其讚論之綜緝辭采，序述之錯比文華，事出於沈思，義歸乎翰藻，故與夫篇什，雜而集之。

梁蕭繹金樓子立言篇：

至如文者，惟須綺縠紛披，宮徵靡曼，脣吻遒會，情靈搖蕩。

夫文學之由樸而華，由平淡而絢爛，亦猶人事之由簡而繁，物質之由粗而精，爲自然之趨勢，進化之公例，蕭統所論，是其明證已。

六朝文士在思想上既普遍重視文學之藝術美，在行動上亦多能劍及履及，於是刻意逞才，鏤心敷藻，逐景承流，蔚爲風尙，著其先鞭者，厥爲建安諸子。劉師培中古文學史云：

建安文學，革易前型，遷蛻之由，可得而說。……獻帝之初，諸方棋峙，乘時之士，頗慕縱橫，騁詞之風，肇端於此。又漢之靈帝，頗好俳詞（見楊賜蔡邕傳），下習其風，益尙華靡，雖迄魏初，其風未革。

從此文學風貌爲之一變。其中最重華彩，絡繹形之於詩文辭賦者，又當推王粲曹植。例如：

曲池揚素波，列樹敷丹榮。（王粲雜詩）

幽蘭吐芳烈，芙蓉發紅暉。（王粲雜詩四首之二）

秋蘭被長坂，朱華冒綠池。（曹植公讌詩）

凝霜依玉除，清風飄飛閣。（曹植贈丁儀詩）

詞藻妍練，工於設色，已非東京舊觀矣。鍾嶸評王粲詩曰：

發愀愴之詞，文秀而質羸。（詩品）

所言深中竅要。又評曹植詩曰：

魏陳思王植，其原出於國風。骨氣奇高，詞采華茂，情兼雅怨，體被文質，粲溢今古，卓爾不群。嗟乎，陳思之於文章也，譬人倫之有周孔，鱗羽之有龍鳳，音樂之有琴笙，女工之有黼黻，俾爾懷鉛吮墨者，抱篇章而景慕，映餘暉以自燭。故孔氏之門如用詩，則公幹升堂，思王入室，景陽潘陸自可坐於廊廡之間矣。（詩品）

推挹曹氏，亦云至矣。此外，若王粲之神女賦，曹植之洛神賦，均以穠麗詞句，刻畫神女，楚楚動人，至今猶傳為美談。

逮晉世尚文，而潘岳陸機肆以繁縟，遠紹曹王之芳軌，蓋同流而異波也。沈約宋書謝靈運傳論：

降及元康，潘陸特秀，律異班賈，體變曹王。縟旨星稠，繁文綺合，綴平臺之逸響，采南皮之高韻。遺風餘烈，事極江右。

可證潘陸之作，固沿建安之流而加綺密者，故既稱『體變曹王』，又曰『采南皮之高韻』也。潘陸雖並稱，而時論亦有同異。鍾嶸詩品云：

晉黃門郎潘岳，其原出於仲宣，翰林嘆其翩翩然如翔禽之有羽毛，衣服之有綃縠，猶淺於陸機。謝混云：『潘詩爛若舒錦，無處不佳，陸文如披沙簡金，往往見寶。』嶸謂益壽輕華，故以潘為勝，翰林篤論，故嘆陸為深。余常言：陸才如海，潘才如江。

即此可見潘岳偏重辭華甚於陸機。潘陸而外，詞采並趨綺麗者尚有張華、左思、夏侯湛、陸雲、應璩、傅咸、三張（張載 張協 張亢）、孫綽、摯虞、成公綏等，故文心雕龍時序篇云：

茂先搖筆而散珠，太沖動墨而橫錦，岳湛曜聯璧之華，機雲標二俊之采，應傅三張之徒，孫摯成公之屬，並結藻清英，流韻綺靡。

蓋唯美思想之浪潮已逐漸漫溢太康永嘉文壇，不可遏抑矣。玆任擧數例，藉覘其概。

白蘋齊素葉，朱草茂丹華。（張華雜詩三首之三）

南望泣玄渚，北邁涉長林。（陸機赴洛詩二首之一）

雅步嫋纖腰，巧笑發皓齒。（陸雲爲顧彥先贈婦往返詩四首之二）

幽谷茂纖葛，峻巖敷榮條。（潘岳河陽縣作詩）

濃朱衍丹脣，黃吻瀾漫赤。（左思嬌女詩）

悲歌結流風，逸響迴秋氣。（張載霖雨詩）

浮陽映翠林，迴飆扇綠竹。（張協雜詩十首之二）

潛穎怨青陽，陵苕哀素秋。（郭璞遊仙詩）

觀其抽秘逞妍，儷紅媲白，使人恍如置身金谷園中，流連忘返，其予人在視覺與嗅覺方面之美感，有非楮墨所能形容者矣。

降及劉宋，風貌又變，氣變而韶，句變而琢，鑄詞益麗，塗澤益濃，詩則於律漸開，文則於排愈甚，是唯美文學全盛之起步也。當時大家除陶潛所作色彩較淡外，若傅亮之爲宋公修張良廟教、爲宋公至洛陽謁五陵表，謝惠連之雪賦、祭古冢文，顏延之之三月三日曲水詩序、祭屈原文，謝靈運之山水詩，鮑照之蕪城賦、樂府詩，謝莊之月賦、宋孝武宣貴妃誄等，莫不錯采鏤金，琳瑯滿目，美不勝收矣。其中以鮑顏謝三家最號雄傑，蕭子顯南齊書文學傳論評鮑照云：

　發唱驚挺，操調險急，雕藻淫豔，傾炫心魂。亦猶五色之有紅紫，八音之有鄭衞，斯鮑照之遺烈也。

此則史學家泰甚之辭也。今觀參軍集中，辭采詄麗，盡態極妍，固所在多是，謂之『淫豔』，則有失公允。李兆洛駢體文鈔評顏延之云：

　織詞之縟，始於延之。

極爲有見，蓋延年之作，固以『貴尚巧似』『雕繢滿眼』著稱於世者也。鍾嶸詩品評謝靈運云：

　名章迥句，處處間起，麗典新聲，絡繹奔會。譬猶青松之拔灌木，白玉之映塵沙，未足貶其高絜也。

文心雕龍時序篇亦云：

　顏謝重葉以鳳采。

『采』字最要，大謝詩力求表現，故描寫極其刻肖，劉勰所謂『情必極貌以寫物，辭必窮力而追新。』（文心雕龍明詩篇）修辭之術，愈益精細。其最著者，則大謝常用色彩字以渲染其辭是也。古今詩人各有其習用之字，李賀喜用『白』字，小謝喜用『綠』字，大謝則諸色字悉用之，而皆得其妙。茲列擧於下：

【白】　白日出悠悠　白圭尚可磨　巖高白雲屯　恒覺白日短　白日麗江皐　白雲抱幽石　星星白髮垂　白花皜陽林　白芷競新苔

【綠】　陵隰繁綠杞　綠篠媚清漣　綠蘋齊初葉　初篁包綠籜　春晚綠野秀　原隰荑綠柳

【青】　青青野田草　未厭青春好　託身青雲上　青翠杳深沉　援蘿聆青巖
【紅】　墟囿粲紅桃　石磴瀉紅泉　山桃發紅萼
【赤】　赤亭無淹薄
【丹】　曉霜楓葉丹　躧步陵丹梯　結架非丹甍
【朱】　已覩朱明移　落日次朱方
【紫】　紫翹曄春流　新蒲含紫茸　綠蕨漸紫苞
【碧】　水碧綴流溫　銅陵映碧澗　遨遊碧沙渚
【黑】　朝遊窮曛黑
【黃】　風悲黃雲起

（參用近人葉瑛謝靈運文學，見學衡第三十三期。）

明李夢陽稱大謝詩是六代之冠，徐氏文章辨體亦然其說。蓋大謝一身實繫漢魏古體之亡，與齊梁新體之興之大關鍵也。

劉宋以後，迄於陳亡，百年之間，對偶愈變愈工，音律愈變愈細，而辭采則愈變愈華，是唯美文學全盛之高潮也。其中摛辭最麗，刻鏤最甚者，於詩則推『宮體』，於文則數『徐庾體』。宮體之什，關係文學思想至為深鉅，容俟後論，玆但舉數首如下，以見梁陳文學並趨於綺豔云。

北窗聊就枕，南簷日未斜，攀鈎落綺障，插捩舉琵琶。夢笑開嬌靨，眠鬟壓落花，簟文生玉腕，香汗浸

紅紗。夫壻恆相伴，莫誤是倡家。詠內人晝眠

佳麗盡關情，風流最有名，約黃能效月，裁金巧作星。粉光勝玉靚，衫薄擬蟬輕，密態隨流臉，嬌歌逐軟聲。朱顏半已醉，微笑隱香屏。美女篇。上二首梁簡文帝作。

蕩子從遊宦，思妾守房櫳，塵鏡朝朝掩，寒衾夜夜空。若非新有悅，何事久西東，知人相憶否，淚盡夢啼中。怨閨

昆明夜月光如練，上林朝花色如霞，花朝月夜動春心，誰忍相思不相見。春別應令。上二首梁元帝作。

倡人歌吹罷，對鏡覽紅顏，拭粉留花稱，除釵作小鬟。綺燈停不滅，高扉掩未關，良人在何處，光唯見月還。徐陵和王舍人送客未還閨中有望

翠眉未畫自生愁，玉臉含啼還似笑，角枕千嬌薦芬香，若使琴心一曲奏。幽蘭度曲不可終，陽臺夢裏自應通，秋樹相思一枝綠，爲插賤妾兩鬟中。秋日新寵美人新令

步步香飛金薄履，盈盈扇掩珊瑚脣，已言採桑期陌上，復能解佩就江濱。宛轉歌。上二首江總作。

樓上多嬌豔，當牕并三五，爭弄遊春陌，相邀開繡戶。轉態結紅裙，含嬌拾翠羽，留賓乍拂絃，託意時移柱。舞媚娘

麗宇芳林對高閣，新妝豔質本傾城，映戶凝嬌乍不進，出帷含態笑相迎。妖姬臉似花含露，玉樹流光照後庭。玉樹後庭花

大婦怨空閨，中婦夜偷啼，小婦獨含笑。正柱作烏棲，河低帳未掩，夜夜畫眉齊。三婦豔詞。上三首陳後主作。

至『徐庾體』則指徐陵與庾信之駢文而言。北史文苑庾信傳云：

> 父肩吾，爲梁太子中庶子，掌管記。東海徐摛爲右衞率。摛子陵及信並爲抄撰學士。父子在東宮，出入禁闥，恩禮莫與比隆。既文並綺豔，故世號爲徐庾體焉。

駢文至南朝，可謂全盛時期，至徐庾始臻極峯。故徐庾實集駢文之大成，稱駢文之泰斗焉。四庫全書庾開府集箋注提要云：

> 其駢偶之文，則集六朝之大成，而導四傑之先路，自古迄今，屹然爲四六宗匠。初在南朝，與徐陵齊名，故李延壽北史文苑傳序稱：『徐陵庾信其意淺而繁，其文匿而采，詞尚輕險，情多哀思。』王通中說亦曰：『徐陵庾信古之夸人也，其文誕。』令狐德棻作周書，至詆其『誇目侈於紅紫，蕩心逾於鄭衞。』斥爲詞賦之罪人。然此自指臺城應教之日，二人以宮體相高耳。至信北遷以後，閱歷既久，學問彌深，所作皆華實相扶，情文兼至，抽黃對白之中，灝氣舒卷，變化自如，則非陵之所能及矣。張說詩曰：『蘭成追宋玉，舊宅偶詞人，筆涌江山氣，文驕雲雨神。』其推挹甚至。杜甫詩曰：『庾信文章老更成，凌雲健筆意縱橫，後來嗤點流傳賦，不覺前賢畏後生。』則諸家之論，甫固不以爲然矣。

據此，則庾信之文似優於徐陵，實則二子所作，並皆纂組輝華，緝裁巧密，上達唯美文學之絕詣，固難以等第其甲乙也。

徐陵駢製，典重矞皇，麗采照映者有梁禪陳詔、陳公九錫文、勸進梁元帝表。瓌辭博練，奧義環深者有與王僧辯書、在北齊與楊僕射書。雕文織采，旖旎風華者有玉臺新詠序。清迥韶秀，風骨高騫者有與李那書。遂錄一二，以識其凡。

五運更始，三正迭代，司牧黎庶，是屬聖賢。用能經緯乾坤，彌綸區宇，大庇黔首，闡揚鴻烈。革晦以明，積代同軌，哲王踵武，咸由此則。梁德湮微，禍亂薦發，太清云始，見困長蛇，承聖之季，又罹封豕。爰立天成，重竊神器，三光亟沈，七廟乏祀，含生已泯，鼎命斯墜。我武元之祚，有如綴旒，靜惟屯剝，夕惕載懷。（梁禪陳詔）

至若寵聞長樂，陳后知而不平，畫出天仙，閼氏覽而遙妒。且如東鄰巧笑，來侍寢於更衣，西子微顰，將橫陳於甲帳。陪游馺娑，騁纖腰於結風，長樂鴛鴦，奏新聲於度曲。妝鳴蟬之薄鬢，照墮馬之垂鬟，反插金鈿，橫抽寶樹，南都石黛，最發雙蛾，北地燕脂，偏開兩靨。（玉臺新詠序）

刻畫女子之佳麗，頗爲細膩，故是一代香奩高手。

許槤評曰：

駢語至徐庾，五色相宣，八音迭奏，可謂六朝之渤澥，唐代之津梁。而是篇尤爲聲偶兼到之作，鍊格鍊詞，綺綰繡錯，幾於赤城千里霞矣。

王文濡亦曰：

玉臺開詩集之始，陳文居六朝之殿，其時徐庾之風大行，聲病之律彌盛，風雲月露，塡塞行間，香草美人，空言寄意，妖豔浮靡，至茲而極。然玉臺一集，可補昭明文選之窮，孝穆玆序，亦爲精心結譔之作。雖藻彩紛披，輝煌奪目，而華不離實，腴不傷雅，麗詞風動，妙語珠圓。乾坤清氣，欲沁於心脾，脂墨餘香，常存於齒頰。斯亦駢文之雄軍，豔體之傑構也。

斯鑑賞家三昧語也。

庾信儷體，詞藻紛綸，文采煒燁之作，若春賦、鏡賦、燈賦、七夕賦、對燭賦、鴛鴦賦，與夫行雨山、玉帳山、至仁山、望美人山、明月山諸銘，皆居南朝所爲。此類作品，內容雖嫌空泛，但其狀物寫景寫情之想像力，以及辭藻音律之美妙，就純藝術而言，確有其卓越之才思與技巧，目之爲藝術品可也。玆舉三則，以例其餘。

宜春苑中春已歸，披香殿裏作春衣，新年鳥聲千種囀，二月楊花滿路飛，河陽一縣併是花，金谷從來滿園樹，一叢香草足礙人，數尺游絲即橫路。開上林而競入，擁河橋而爭渡，出麗華之金屋，下飛燕之蘭宮，釵朶多而訝重，髻鬟高而畏風。眉將柳而爭綠，面共桃而競紅，影來池裏，花落衫中。（春賦）

玉帳寥廓，崑山抵鵲，總葉成帷，連珠起幕。玉蕊難移，金花不落，隱士彈琴，仙人看博。巖留舊鼎，竈聚新荆，養石初爛，燒丹欲成。桑田屢變，海水頻盈，長聞鳳曲，永聽簫聲。（東宮玉帳山銘）

竹亭標嶽，四面臨虛，山危簷迥，葉落窗疎。看椽有笛，對樹無風，風生石洞，雲出山根。霜朝唳鶴，秋夜鳴猿，堤梁似堰，野路疑村。船橫埭下，樹夾津門，寧殊華蓋，詎識桃源。（明月山銘）

逮入北以後，屈體魏周，賦境大變，惟象戲、馬射兩篇，尚仍舊貫。他如小園、竹杖、枯樹、傷心諸賦，與夫吳明徹、思舊諸銘，無不託物興懷，寄慨遙深。尤其是長篇鉅製、橫絕古今之哀江南賦，幾於句句有所指喻，字字加以錘鍊，明麗中出蒼渾，綺縟中有流轉。而在表現之手法上，更已臻於爐火純青，出神入化之極詣，後人雖倣效之，然終難追其逸步也。周滕王序其集，深致推服，而曰：『信降山嶽之靈，縕煙霞之秀，器量侔瑚璉，志性甚松筠。妙善文詞，尤工詩賦，窮緣情之綺靡，盡體物之瀏亮。誄奪安仁之美，碑有伯喈之情，箴似揚雄，書同阮籍。』（庾開府集序）蓋深知庾氏者也。

※　※　※

綜上以觀，六朝唯美文學之特重辭華，自屬不爭之事實。是知唯美文學構成之要素，約而言之，厥有四焉：一曰辭華，二曰韻律，三曰對偶，四曰典故。其中以辭華爲最要，韻律次之，對偶又次之，而典故則其殿焉者也。今爲清晰計，再依時代先後爲序，將此三百餘年中辭華最美之俳賦作品臚列於後，以資比較，並藉此以覘辭華愈變愈美之軌跡焉。

魏曹植洛神賦：

其形也，翩若驚鴻，婉若游龍，榮曜秋菊，華茂春松，髣髴兮若輕雲之蔽月，飄颻兮若流風之迴雪。遠而望之，皎若太陽升朝霞，迫而察之，灼若芙蕖出淥波。穠纖得中，修短合度，肩若削成，腰如約素，延頸秀項，皓質呈露，芳澤無加，鉛華弗御。雲髻峨峨，修眉聯娟，丹脣外朗，皓齒內鮮，明眸善睞，靨輔承權。瓌姿豔逸，儀靜體閑，柔情綽態，媚於語言。奇服曠世，骨像應圖，披羅衣之璀粲兮，珥瑤碧之華琚，戴金翠之首飾，綴明珠以耀軀。踐遠游之文履，曳霧綃之輕裾，微幽蘭之芳藹兮，步踟躕於山隅。

晉潘岳寡婦賦：

嗟余生之不造兮，哀天難之匪忱，少伶俜而偏孤兮，痛忉怛以摧心。覽寒泉之遺歎兮，詠蓼莪之餘音，情長慼以永慕兮，思彌遠而逾深。伊女子之有行兮，爰奉嬪於高族，承慶雲之光覆兮，荷君子之惠渥。顧葛藟之蔓延兮，託微莖於樛木，懼身微而施重兮，若履冰而臨谷。遵義方之明訓兮，憲女史之典戒，奉蒸嘗以效順兮，供灑掃以彌載，彼詩人之攸歎兮，徒願言而心痗，何遭命之奇薄兮，遘天禍之未悔。榮華曄其始茂兮，良人忽以捐背，靜闔門以窮居兮，塊煢獨而靡依。易錦茵以苫席兮，代羅幬以素帷，命阿保而就列兮，覽巾箑以舒悲。口嗚咽以失聲兮，淚橫迸而霑衣，愁煩寃其誰告兮，提孤孩於坐側。時曖曖而向昏兮，日杳杳而西匿，雀群飛而赴楹兮，雞登棲而斂翼。歸空館而自憐兮，撫衾裯以嘆息，思纏綿以瞀亂兮，心摧傷以愴惻。

宋鮑照蕪城賦：

若夫藻扃黼帳，歌堂舞閣之基，璇淵碧樹，弋林釣渚之館。吳蔡齊秦之聲，魚龍爵馬之玩，皆薰歇燼滅，光沉影絕。東都妙姬，南國麗人，蕙心紈質，玉貌絳唇，莫不埋魂幽石，委骨窮塵，豈憶同輿之愉樂，離宮之苦辛哉。

梁蕭繹採蓮賦：

紫莖兮文波，紅蓮兮芰荷，綠房兮翠蓋，素質兮黃螺。於是妖童媛女，蕩舟心許，鷁首徐迴，兼傳羽杯，棹將移而藻挂，船欲動而萍開。爾其纖腰束素，遷延顧步，夏始春餘，葉嫩花初，恐沾裳而淺笑，畏傾船而斂裾，故以水濺蘭橈，蘆侵羅襦，菊澤未反，梧臺迥見，荇溼霑衫，菱長繞釧，泛柏舟而容與，歌採蓮於枉渚。

歌曰：碧玉小家女，來嫁汝南王，蓮花亂臉色，荷葉雜衣香，因持薦君子，願襲芙蓉裳。

北周庾信鏡賦：

天河漸沒，日輪將起，鶯噪吳王，烏驚御史，玉花簟上，金蓮帳裏。始摺屏風，新開戶扇，朝光晃眼，早風吹面，臨桁下而牽衫，就箱邊而着釧。宿鬟尚捲，殘粧已薄，無復脣珠，纔餘眉萼，靨上星稀，黃中月落。鏡臺銀帶，本出魏宮，能橫卻月，巧挂迴風，龍垂匣外，鳳倚花中。鏡廼照膽照心，難逢難值，鏤五色之蟠龍，刻千年之古字。山雞看而獨舞，海鳥見而孤鳴，臨水則池中月出，照日則壁上菱生。暫設裝奩，還抽鏡屜，競學生情，爭憐今世，鬢齊故略，眉平猶剃。飛花磚子，次第須安，朱開錦蹹，黛蘸油檀，脂和甲煎，澤漬香蘭。量髻鬢之長短，度安花之相去，懸媚子於搔頭，拭釵梁于粉絮。梳頭新罷照着衣，還從粧處取將歸。暫看絃繫，懸知纈縵，衫正身長，裙斜假襻，眞成個鏡特相宜，不能片時藏匣裏，暫出園中也自隨。

曹植此作，悱惻纏綿，哀感頑豔，美人香草，上繼屈宋比興之思，儷字駢音，下牖江鮑綺縟之習。而造語之精，敷采之麗，匪惟漢代所無，抑亦魏文之冠。中國文學之由『自然藝術』轉爲『人爲藝術』，由不假雕琢轉爲有意刻畫，曹氏實有以先之也。

潘岳此篇，係同情少年守寡之姨母而作，除麗句縟紛外，側重心理之摹寫，將寡婦深沈之憂鬱，哀怨之愁情，一一躍現紙上，寫作技巧又較前邁進一大步矣。

鮑賦可得而言者有二：一曰，詞句鑄鍊之痕跡愈益彰顯，尤其是『比喻格』之大量運用，使作品彌增姿采，例如『璇淵碧樹』、『蕙心紈質』、『玉貌絳脣』之類，斯乃鮑氏之匠心巧思，故能有此傑構，突過前人多矣。二曰，著重聲色臭味之渲染，如『藻』、『黼』、『歌』、『聲』、『璇』、『碧』、『薰』、『燼』、『光』、『影』、『麗』、『玉』、『絳』之類，俳賦之趨於富麗，此其先唱焉。（參用近人朱光潛之說，見詩論第十一章。）

蕭繹此賦，上承鮑照遺風，選擇富有采色之詞彙，推敲諸美動聽之聲調。惟結構之謹嚴，形式之錯綜，則非鮑氏所能望其項背。前四句詠蓮，觀察入微，刻畫巧似。中間一段，點染成趣，以江南地方特有之旖旎風光作背景，襯出舟棹之輕搖慢盪，又能注意採蓮者之心理活動，期使情景相互協調，內質與外形歸於統一，故寥寥數語，即將舟船之動勢，小兒女之嬌態，依稀呈現於前，而構成非常柔和美好的畫面。末復以五言民歌作結，錯落多致，尤饒有革新精神，與庾信之春賦並稱俳賦雙絕。

至庾氏之鏡賦，更是精雕細琢，織錦成文，有美皆備，無麗不臻，而集前者之大成，江山文藻，信爲不朽矣。許槤嘗有意推爲壓卷而爲之低首曰：『選聲鍊色，此造極巓，吾於子山無復遺恨矣。』又曰：『旖語閒情，紛蕤相引，如入石季倫錦步障中，令人心醉目炫。』（均見六朝文絜）亶其然乎。

※　※　※

構成唯美文學之要件，除上舉對偶、韻律、典故、辭華四者外，下列七事亦不可或缺。七事者，一曰奇詭，二曰練字，三曰代字，四曰聯邊，五曰回文，六曰雙關，七曰新變。今分述之。

(1)奇　詭

孤臣危涕，孽子墜心。（江淹恨賦）

按文選李善注：『心當云危，涕當云墜，江氏愛奇，故互文以見義。』

意奪神駭，心折骨驚。（江淹別賦）

按心可驚而不可折，骨可折而不可驚，亦互文也。

雹碎春紅，霜凋夏綠。（劉令嫻祭夫徐敬業文）

按『紅』當作『花』，『綠』當作『草』，愛奇之習，波及才媛，固不限於男士也。

月入歌扇，花承節鼓。（庾信春賦）

按此用班婕妤怨歌行：『裁爲合歡扇，團團似明月。』用『似』則熟，用『入』則奇。

草綠衫同，花紅面似。（庾信梁東宮行雨山銘）

按句法當云『衫同草綠，面似花紅。』庾氏顛倒之如此，在取新奇也。六朝文士率以艱深爲矜貴，以平易爲凡庸，殆卽劉勰所謂『意翻空而易奇，文徵實而難工』歟。文心雕龍通變篇曰：『宋初訛而新。』定勢篇又詳言之曰：『自近代辭人，率好詭巧，原其爲體，訛勢所變，厭黷舊式。故穿鑿取新，察其訛意，似難而實無他術也，反正而已。故文反正爲乏，辭反正爲奇，效奇之法，必顛倒文句，上字而抑下，中辭而出外，回互不常，則新色耳。』觀此，則訛之爲用，在取新奇，而奇之爲用，在取新色也。六朝文中類此者，觸處皆是，蓋追求文學之形式美乃當時之巨大潮流也。

⑵練　字

凝霜依玉除，淸風飄飛閣。（曹植贈丁儀詩）

驚風飄白日，光景馳西流。（曹植箜篌引）

按古詩不假烹鍊，曹植則用字獨工，如上舉『依』、『飄』、『馳』之類，皆使字尖穎，百鍊而出，故知六朝練字之風蓋始於曹氏也。

榮采曜中林，流馨入綺羅。（張華雜詩）

佇眄要遐景，傾耳玩餘聲。（陸機於承明殿作與弟士龍詩）

歸鳥映蘭時，游魚動圓波。（潘岳河陽縣作詩）

朱實隕勁秋，繁英落素秋。（劉琨重贈盧諶詩）

丹泉漂朱沫，黑水鼓玄濤。（郭璞遊仙詩）

神淵寫時雨，晨色奏景風。（陶潛和戴主簿詩）

日華窗上動，風光草際浮。（謝脁和徐都曹中新亭渚詩）

瓊樹落晨紅，瑤塘水初淥。（王融淥水曲）

隨風飄岸葉，行雨暗江流。（何遜送八五城聯詩）

棠枯絳葉盡，蘆凍白花輕。（陰鏗和傅郎歲末還湘州詩）

鶯隨入戶樹，花逐下山風。（陰鏗開善寺詩）

卷簾天自高，海水搖空綠。（梁武帝西洲曲）

露浸山扉月，霜開石路煙。（江總贈袁朗別詩）

按以上各詩皆能巧妙運用動詞，而使句法活潑靈動，後人所謂『句眼』『詩眼』，或即指此。又練字之風，南朝特盛，文心雕龍有聲律、章句、麗辭、比興、夸飾、練字等篇，內容不外重視練字，講究形式之美。至陰何而達於極峯，故杜甫有『頗學陰何苦用心』之歎也。

⑶代　字

日薄星迴，穹天所以紀物，山盈川沖，后土所以播氣。（陸機演連珠）

按代字法者，舉文字中同義同類之字以代本字，乃避陳翻新之道，亦修辭之一法也。李善文選注：『沖，虛也。播，散也。』此以『沖』代『虛』，以『播』代『散』。

禎莖素毳，并柯共穗之瑞，史不絕書。（顏延之三月三日曲水詩序）

按此以『禎莖』代『朱草』，『素毳』代『白虎』，『并柯』代『連理』，『共穗』代『嘉禾』。（見文選李善注）用字避陳翻新，開駢文雕繪之習，知李兆洛謂『織詞之縟，始於延之』，非漫言也。

東都妙姬，南國麗人，蕙心紈質，玉貌絳脣。（鮑照蕪城賦）

按文選李善注：『蘭蕙同類，紈素兼名，文士愛奇，故變文耳。』

述職期闌暑，理棹變金素。（謝靈運永初三年之郡初發都詩）

按此以『金素』代『秋』。

明月入綺窗，髣髴想蕙質。（江淹雜體詩）

按文選李善注：『蕙，蘭類，故變之耳。』

籠張趙於往圖，架卓魯於前籙。孔稚珪北山移文

按此以『架』代『駕』。

六朝人愛美之情特著，尤以文學表現爲然，前述練字一道，不過在句法上靈活調配已耳，猶不足以饜其欲也，乃又在語言之選擇上用工夫，於是代字、代詞乃大量湧出矣。蓋六朝文士多精小學，喜用新字，喜鑄新詞，放言落紙，運用假借或同義字詞，自覺典雅。惟用之不愼，故求生僻，至於費解，則將失之晦澀，甚且進入魔道，而反不美矣。近儒黃侃駱鴻凱二氏於代字一道，論之甚精，特錄之以資參鏡。

黃氏文心雕龍札記指瑕篇：

晉來用字有三弊：一曰造語依稀，……戒嚴曰纂嚴，送別曰瞻送，解識曰領悟，契合曰會心。至如品藻稱譽之詞，尤爲模略。如嵇紹劭長，高坐淵箸，王微邁上，卞壼峯距，王恭亭亭直上，王忱羅羅清疎，叩其實義，殊欠分明，而世俗相傳，初不探究。

駱氏文選學餘論：

六代好用代語，觸手紛綸。舉『日』義言之，曰曜靈，曰靈暉，曰懸景，曰飛轡（並見演連珠），曰陽烏（蜀都賦），皆替代之辭也。此外言『月』則曰素娥，曰望舒，曰玄兎，曰蟾魄，此以典故代也。言山則曰巒、岑、巘、岡、陵，言舟則曰航、舫、舸、艫，言池塘則曰潴、沼，言車則曰軺、

轅，此以訓詁代也。託始於卿固，中興於潘陸，顏謝繼作，綴緝尤繁。而溯其緣起，大抵由文人厭黷舊語，欲避陳而趨新，故課虛以成實。抑或嫌文辭之坦率，故用替代之詞，以期化直爲曲，易逕成迂。雖非文章之常軌，然亦修辭之妙訣也，安可輕議乎。

(4)聯邊

征夫心多懷，悽愴令吾悲。（王粲從軍詩）

崢嶸玄圃深，嵯峨天嶺峭。（張協遊仙詩）

感物情悽惻，慷慨遺安愈。（陸機赴洛詩）

拊膺攜客泣，掩淚敍溫涼。（陸機門有車馬客行）

瀾漫潭洞波，合沓崿嶂雲。（鮑照自勵山東震澤詩）

悽悽聲中情，慊慊增下俚。（鮑照代門有車馬客行）

按利用中國文字獨具之字形美以創造詩文之藝術效果，主要修辭法有二：一曰駢詞麗句，一曰聯邊字。駢詞麗句前已論之甚詳，茲不贅述。聯邊字乃是利用文字構造之基本原理在象形、形聲、會意上加强意象及情緒感受。如上舉六例，或利用文字之偏旁複疊以描寫景物，使讀者經目視而產生美感效果，或利用同爲以心會意之文字而加强情緒效果，使人味之意趣盎然，娓娓忘倦。（參用今人廖蔚卿氏鍾嶸詩品析論見文學評論第二集）文心雕龍練字篇云：『聯邊者，半字同文者也。狀貌山川，古今咸用，施於常文，則齟齬爲瑕，如不獲免，可至三接，三接之外，其字林乎。』黃叔琳注云：『按三接者，如張景陽雜詩「洪潦浩方割」，沈休文和謝宣城詩「別羽汎清源」之類。三接之外，則曹子建雜詩「綺縞何繽紛」，陸士衡日出東南隅行「璠璵結瑤璠」，五字而聯邊者四，宜有字林之譏也。若賦則更有十接二十接不止者矣。』

(5)回　文

臣無祖母，無以至今日，祖母無臣，無以終餘年。李密陳情表

後之視今，亦猶今之視昔。王羲之蘭亭集序

春草暮兮秋風驚，秋風罷兮春草生。江淹恨賦

秋何月而不清，月何秋而不明。梁元帝蕩婦秋思賦

枝分柳塞北，葉暗榆關東，垂條逐絮轉，落蕊散花叢。池蓮照曉月，幔錦拂朝風，低吹雜綸羽，薄粉豔妝紅，離情隔遠道，歎結深閨中。王融春遊回文詩

按回文詩有廣狹二義：廣義的回文詩，只須詞句回環，而無須往復成句，如上官儀詩『情新因得意，得意遂情新』是也，上舉前四則亦屬此格。狹義的回文詩，則詩中字句，回環往復，讀之無不可通者，如上舉王融春遊詩是也。

(6)雙　關

霧露隱芙蓉，見蓮不分明。子夜歌

按蓮憐雙關。

桐樹生門前，出入見梧子。（同上）

按梧吾雙關。

三更書石闕，憶子夜題碑。（讀曲歌）

按題啼雙關，碑悲雙關。

朝霜語白日，知我為歡消。（同上）

按吾師潘石禪先生樂府詩粹箋：『雙關語。晨霜因白日而消融，人為所歡而消瘦。』

朝看莫牛跡，知是宿蹄痕。（同上）

按蹄啼相關。

雙燈俱時盡，奈許兩無由。（同上）

按由油雙關。

風吹合歡帳，直動相思琴。（王金珠子夜夏歌）

按琴情雙關。

晝夜理機絲，知欲早成匹。（子夜夏歌）

按『匹』雙關布匹與匹偶。

黃蘗向春生，苦心隨日長。（子夜春歌）

按『苦』雙關苦味與苦情。

飛龍落藥店，骨出只為汝。（讀曲歌）

按『骨』雙關飛龍之骨與思婦之骨。

雙關語多見於樂府民歌清商曲辭中吳聲歌曲與西曲歌，係作者用一語詞同時關顧兩種不同事物之修辭方式，令人讀之有言外見意之趣，與回文同屬文人之文字遊戲。

(7)新變

朔氣傳金柝，寒光照鐵衣。（木蘭詞）

白雲抱幽石，綠篠媚清漣。（謝靈運過始寧墅詩）

池塘生春草，園柳變鳴禽。（謝靈運登池上樓詩）

木落江渡寒，雁還風送秋。（鮑照登黃鶴磯詩）

餘霞散成綺，澄江靜如練。（謝朓晚登三山還望京邑詩）

忘歸屬蘭杜，懷綠寄芳荃。（沈約早發定山詩）

零雨送秋，輕寒迎節，江楓曉落，林葉初黃。（蕭綱與蕭臨川書）

暮春三月，江南草長，雜花生樹，群鶯亂飛。（丘遲與陳伯之書）

江南燠熱，橘柚冬青，渭北沍寒，楊榆晚葉。（周弘讓與王少保書）

按六朝文士率皆絞盡腦汁，追求『新』與『變』，故詩文風貌，迥異兩京，上擧詩文，無論寫景抒情，皆非漢人所能想像。王國維人間詞話云：『文體通行既久，染指遂多，自成習套，豪傑之士亦難於其中自出新意，故遁而作他體，以自解脫。』蓋文學隨時代而轉移，至六朝有不得不變之勢。況尙新求變，乃人之常情，兩漢樸質之風，相沿既久，令人昏睡耳目，六朝群彥霞蔚雲蒸，忽焉丕變，亦文學之復興也。近人許文雨持論甚精，錄之以爲本節之殿焉。

許文雨詩品講疏：

文心雕龍明詩篇曰：『宋初文詠，體有因革，莊老告退，而山水方滋。儷采百字之偶，爭價一句之奇，情必極貌以寫物，辭必窮力而追新，此近世之所競也。』案孫許玄言，其勢易盡，故殷謝振以景物，淵明雜以風華，浸欲復規洛京，上繼鄴下。康樂以奇才博學，大變詩體，一篇既出，都邑競傳，所以弁冕當時，扢揚雅道。於時俊彥，尙有顏鮑二謝（謝瞻 謝惠連）之倫，要皆取法中朝，辭禁輕淺。雖偶傷刻飾，亦矯枉之理也。夫極貌寫物，有賴於深思，窮力追新，亦資於博學。將欲排除膚語，洗盪庸音，於此假塗，庶無迷路。世人好稱漢魏，而以顏謝爲繁巧，不悟規摹古調，必須振以新詞，若虛響盈篇，徒生厭倦，其爲敝害，與勦襲玄語者政復不殊。以此知顏謝之術，乃五言之正軌矣。

第四章　六朝唯美文學之主流

一、蕭統之文學理論

蕭梁享國雖淺，而文學理論家輩出，撰述宏富，紛然雜陳，要而歸之，略分三派：一曰守舊派，鍾嶸、裴子野、劉之遴梁書劉之遴傳：之遴好屬文，多學古體，與河東裴子野、沛國劉顯常共討論書籍，因爲交好。等屬之。二曰趨新派，蕭綱、蕭子顯、徐陵等屬之。三曰折衷派，劉勰、蕭統、劉孝綽等屬之。折衷云者，謂調和於新舊之間，而不爲已甚。此派以劉勰開其先，蕭統主其盟，劉孝綽等則其羽翼者也。

統字德施，武帝長子，世稱昭明太子。少有文譽，引納才學之士，賞愛無倦。恒自討論篇籍，或與學士商榷古今，間則繼以文章著述，率以爲常。于時東宮有書幾三萬卷，名才並集，文學之盛，晉宋以來，未之有也。著有文集二十卷，又撰古今典誥文言爲正序十卷，五言詩之善者爲文章英華二十卷，文選三十卷。

昭明生值南齊末葉，於時東昏失德，屠戮大行，王公貴族授首闕下者，踵相接。昭明雖未能親見，然耳之所聞，已足驚心。逮年事益長，輒感於福禍無常，哀樂難憑，雖貴爲帝胄，亦莫能外之，於是自然主義思想遂隱然勃發，而時時流露於篇什之中焉。

夫自衒自媒者，士女之醜行，不忮不求者，明達之用心。是以聖人韜光，賢人遁世，其故何也。含德之至，莫踰於道，親己之切，無重於身。故道存而身安，道亡而身害。處百齡之內，居一世之中，倏忽比之白駒，寄寓謂之逆旅，宜乎與大塊而榮枯，隨中和而任放，豈能戚戚勞於憂畏，汲汲役于人間。齊謳趙舞之娛，八珍九鼎之食，結駟連鑣之遊，侈袂執圭之貴，樂則樂矣，憂則隨之。何倚伏之難量，亦慶弔之相及。智者賢人居之，甚履薄冰，愚夫貪士競此，若泄尾閭。玉之在山，以見珍而招破，蘭之生谷，雖無人而猶芳。莊周垂釣於濠，伯成躬耕於野，或貨海東之藥草，或紡江南之落毛。譬彼鴛雛，豈競鳶鴟之肉，猶斯雜縣，寧勞文仲之牲。至如子常甯喜之倫，蘇秦衞鞅之匹，死之而不疑，甘之而不悔。主父偃言：『生不五鼎食，死卽五鼎烹。』卒如其言，亦可痛矣。（陶淵明集序）

人類生命，既如駒隙之俄遷，世間利祿，又如腐鼠之無味，惟有極力提高精神生活，庶幾不爲外物所奴役。

性愛山水，於玄圃穿築，更立亭館，與朝士名素者遊其中。嘗泛舟後池，番禺侯軌盛稱『此中宜奏女樂』。太子不答，詠左思招隱詩曰：『何必絲與竹，山水有清音。』侯慚而止。出宮二十餘年，不畜聲樂。少時，敕賜太樂女妓一部，略非所好。（梁書本傳）

絲竹女樂，固能滿足耳目一時之欲，事後依然有空虛寂寞之感，猶未若縱情山水之爲得也。

或日因春陽，其物韶麗，樹花發，鶯鳴和，春泉生，暄風至，陶嘉月而嬉游，藉芳草而眺矚。或朱炎受謝，白藏紀時，玉露夕流，金風多扇，悟秋山之心，登高而遠託。或夏條可結，倦於邑而屬詞，冬雪千里，覩紛霏而興詠。……不如子晉，而事似洛濱之游，多愧子桓，而興同漳川之賞。漾舟玄圃，必集應阮之儔，徐輪博望，亦招龍淵之侶。校覈仁義，源本山川，旨酒盈罍，嘉肴益俎。曜靈既隱，繼之以朗月，高春既夕，申之以清夜。（答湘東王求文集及詩苑英華書）

蓋經常投入大自然之懷抱，藉芳草，悟秋心，方能使襟懷日益高潔，人生日益優美，而終則上達於列仙渾然忘我，與天地同遊之理想境界。其對大自然之崇拜，與夫對神仙世界之嚮往，有非常人所能企及者。

昭明太子愛文學士，常與筠及劉孝綽陸倕到洽殷芸等遊宴玄圃，太子獨執筠袖撫孝綽肩而言曰：『所謂左把浮丘袖，右拍洪崖肩。』（梁書王筠傳）

惟其胸次高曠，才識深美，乃逐漸由對大自然之崇拜轉而對純文學之崇拜，故其文學理論獨能折衷諸家，模範百世也。今試分別言之：

㈠文學進化論

昭明上承葛洪今必勝古之說，以爲文學一事，恆隨時代進步之需要而日新，由質趨文，由樸趨麗。

式觀元始，眇覿玄風，冬穴夏巢之時，茹毛飲血之世，世質民淳，斯文未作。逮乎伏羲氏之王天下也，始畫八卦，造書契，以代結繩之政，由是文籍生焉。易曰：『觀乎天文，以察時變，觀乎人文，以化成天下。』文之時義遠矣哉。

若夫椎輪爲大輅之始，大輅寧有椎輪之質，增冰爲積水所成，積水曾微增冰之凜。何哉，蓋踵其事而

增華，變其本而加厲。物既有之，文亦宜然，隨時變改，難可詳悉。（文選序）

言文字肇興，僅具實用價值，其後人文日繁，而載文之工具日便，外內表裏，遂相資而彌盛，由摛詞淳素變爲麗藻繽紛，由實用價值轉入藝術價值。此則以變動的歷史眼光投射於文學發展之軌跡上，而作點、線、面之綜合觀察，遂成千秋定論。劉勰亦有此種觀念，其文心雕龍通變篇云：

黃唐淳而質，虞夏質而辨，商周麗而雅，楚漢侈而豔，魏晉淺而綺，宋初訛而新。

又贊云：

文律運周，日新其業，變則其久，通則不乏。趨時必果，乘機無怯，望今制奇，參古定法。

或曰，昭明嘗敬禮劉勰（事見梁書文學傳），文學理論不免受其啓發，其或然歟。

(二)緣情說

一篇美的文章，必有眞情以絡之，此自陸機以後文學批評家之一致看法也。昭明亦云：

詩者，蓋志之所之也，情動於中而形於言。（文選序）

又云：

其文章不羣，辭彩精拔，跌宕昭彰，獨超衆類，抑揚爽朗，莫之與京，橫素波而傍流，干青雲而直上，語時事則指而可想，論懷抱則曠而且眞。（陶淵明集序）

頗能探究文章之本，蓋文藝創作乃所以抒情，必有其情者始克有其文，無其情而勉强爲之，直若無源之水，無根之木，其枯涸可立而待也。昭明又謂惟『綜緝辭采，錯比文華，事出沈思，義歸翰藻』之作，乃得稱爲美文。故文章之美者，除內秉眞誠之情，自然流露以出外，仍須有思想、詞華以佐之。西哲亨德（Theodore W. Hunt）亦云：

文學爲貫徹想像、感情（feelings）、興趣、思想之文字表現，而使一般人易於理解，並引起其興味於無形中者也。（文學原理及問題）

是則感情乃文學之基本動力，中西學者所見，大致相同也。

㈢文學封域論

文學有廣狹二義：舉凡經史子集，以至語錄小說，而具有文學之形式者，皆是文學，此文學之廣義者也。惟巧思內運，詞華外現，而具有藝術美之作品，始可稱爲文學，此文學之狹義者也。昭明論文，取其狹義。

若夫姬公之籍，孔父之書，與日月俱懸，鬼神爭奧，孝敬之准式，人倫之師友，豈可重以芟夷，加之剪截。

老莊之作，管孟之流，蓋以立意爲宗，不以能文爲本，今之所撰，又以略諸。

若賢人之美辭，忠臣之抗直，謀夫之話，辨士之端，冰釋泉涌，金相玉振。所謂坐狙丘，議稷下，仲連之卻秦軍，食其之下齊國，留侯之發八難，曲逆之吐六奇，蓋乃事美一時，語流千載，概見墳籍，旁出子史。若斯之流，又亦繁博，雖傳之簡牘，而事異篇章，今之所集，亦所不取。

至於記事之史，繫年之書，所以褒貶是非，紀別同異，方之篇翰，亦已不同。若其讚論之綜緝辭采，

序述之錯比文華，事出於沈思，義歸乎翰藻，故與夫篇什，雜而集之。（文選序）

此則以純藝術性之觀點，嚴定文學之封域。蓋自建安以前，文學寄居儒家之籬下，固無獨立可言。建安以後，雖已逐漸蔚爲大國，而世人觀念，多取廣義，內涵無所不包，實屬大而無當。昭明有鑒於此，以爲非嚴定其封域，不足以順應洶湧而至之唯美思潮，亦即非嚴律其繩尺，不足以饜當世重文相感之心。其封域爲何，卽作品須具備『綜緝辭采，錯比文華，事出沈思，義歸翰藻』諸條件者，始可稱之爲文學。（按此雖昭明選史特例實則全書之通例也）故經子史應屏除於文學範疇之外，以其不合於上述條件也。（惟史傳中之讚論序述除外）蓋周孔之經，所以明道，老莊百家，重在立意，馬班諸史，偏於記事，皆利用文字作表達工具，故此等文字，祇能視爲經史百家之文，而非文人之文。文人之文，以文爲主，匠心默運，機杼別出，專意經營，並無外在之束縛，卽今人所謂純粹爲文學而文學者也。阮元闡述其說云：

昭明所選，名之曰文，蓋必文而後選也，非文則不選也。經也，子也，史也，皆不可專名之爲文也。故昭明文選序後三段，特明其不選之故，必沈思翰藻，始名之爲文，始以入選也。或曰：昭明必以沈思翰藻爲文，於古有徵乎。曰：事當求其始。凡以言語著之簡策，不必以文爲本者，皆經也，史也，子也。言必有文，專名之曰文者，自孔子易文言始。傳曰：『言之無文，行之不遠』，故古人言貴有文。孔子文言，實爲萬世文章之祖，此篇奇偶相生，音韻相和，如青白之成文，如咸韶之合節，非清言質說者比也，非振筆縱書者比也，非佶屈澀語者比也。是故昭明以爲經也，史也，子也，非可專名之爲文也，專名爲文，必沈思翰藻而後可也。自唐宋韓蘇諸大家以奇偶相生之文爲八代之衰而矯之，於是昭明所不選者，反皆爲諸家所取。故其所著非經卽子，非子卽史，求其合於昭明序所謂文者鮮矣，合於班孟堅兩都賦序所謂文章者更鮮矣。其不合之處，蓋分於奇偶之間。經子史多奇而少偶，故唐宋八家不尙偶。文選多偶而少奇，故昭明不尙奇。如必以比偶非文之古者而卑之，則孔子自名其言曰文者，一篇之中偶句凡四十有八，韻語凡三十有五，豈可以爲非文之正體而卑之乎。（書梁昭明太子文選序後○見文筆考）

章太炎先生駁之曰：

昭明之序文選也，其於史籍則云不同篇翰，其於諸子則云不以能文爲貴。此爲裒次總集，自成一家，體例適然，非不易之定論也。抱朴子百家曰：『陜見之徒，區區執一，惑詩賦瑣碎之文，而忽子論深美之言。眞僞顚倒，玉石混殽。同廣樂於桑間，均龍章於素質。』斯可以箴矣。且沈思孰若莊周荀卿，翰藻孰若呂氏淮南，總集不摭九流之篇，格於科律，固不應爲之詞。誠以文筆區分，文選所集，無韻者猥衆，豈獨諸子，若云文貴其彣耶，不知賈生過秦，魏文典論，同在諸子，何以獨堪入錄。有韻文中既錄漢祖大風之曲，卽古詩十九首亦皆入選，而漢晉樂府反有憖遺，是其於韻文也，亦不以節奏低卬爲主，獨取文采斐然，足耀觀覽，又失韻文之本矣。是故昭明之說，本無以自立者也。（文學總略○見國故論衡）

按二說各有精義，蓋仁智所見，不能盡同也。今不暇多辯，但舉史記漢書之公孫弘等傳贊以備商略：

史記：

太史公曰：公孫弘行義雖脩，然亦遇時。漢興八十餘年矣，上方鄉文學，招俊乂，以廣儒墨，弘爲學首。主父偃當路，諸公皆譽之，及名敗身誅，士爭言其惡。悲夫。

漢書：

贊曰：公孫弘、卜式、兒寬皆以鴻漸之翼困於燕爵，遠迹羊豕之間，非遇其時，焉能致此位乎。是時，漢興六十餘載，海內艾安，府庫充實，而四夷未賓，制度多闕。上方欲用文武，求之如弗及，始以蒲輪迎枚生，見主父而歎息。羣士慕嚮，異人並出。卜式拔於芻牧，弘羊擢於賈豎，衞青奮於奴僕，日磾出於降虜，斯亦曩時版築飯牛之朋已。漢之得人，於玆爲盛，儒雅則公孫弘、董仲舒、兒寬，篤行則石建、石慶，質直則汲黯、卜式，推賢則韓安國、鄭當時，定令則趙禹、張湯，文章則司馬遷、相如，滑稽則東方朔、枚皐，應對則嚴助、朱買臣，曆數則唐都、洛下閎，協律則李延年，運籌則桑弘羊，奉使則張騫、蘇武，將率則衞青、霍去病，受遺則霍光、金日磾，其餘不可勝紀。是以興造功業，制度遺文，後世莫及。孝宣承統，纂修洪業，亦講論六藝，招選茂異，而蕭望之、梁丘賀、夏侯勝、韋玄成、嚴彭祖、尹更始以儒術進，劉向、王褒以文章顯，將相則張安世、趙充國、魏相、丙吉、于定國、杜延年，治民則黃霸、王成、龔遂、鄭弘、召信臣、韓延壽、尹翁歸、趙廣漢、嚴延年、張敞之屬，皆有功迹見述於世。參其名臣，亦其次也。

前者略無藻采，昭明屏於美術文學之外，後者詞華爛然，故選之。許文雨文論講疏云：『案文辭加綜緝錯比之功者，即劉勰所謂麗辭。謂事出沈思，則非振筆縱書，義歸翰藻，則非清言質說。』所謂『辭采』『文華』『麗辭』『翰藻』，均屬美術文學之條件，亦即文字經過美學（Aesthetics）之處理者也。所謂『沈思』，即創作文藝之想像力，想像力豐富之作品，始可言美，始可言美術價值。昭明選文宗旨固不外乎是，其中心思想亦不外乎是。其價值在此，而後人爭議之焦點亦在此。

㈣文質和諧論

昭明既大力提倡美術文學，並精選周秦以來一千餘年之美文，以沾益後生。惟美之極致，或將流於淫靡（如宮體詩是），或將專重外形（如後人所謂『選派』），皆非其所以選文之初衷，故又發為文質和諧之論。

夫文典則累野，麗則傷浮，能麗而不浮，典而不野，文質彬彬，有君子之致。吾嘗欲為之，但恨未逮耳。（答湘東王求文集及詩苑英華書）

意謂擒辭華麗並非文章之病，惟華而有實，麗不傷浮，始臻佳妙。易言之，必形式與內容調劑得中，始能臻於文質彬彬之最高境界。觀其文學理想，蓋以美妙人生為內涵，卓越藝術為外形者也。

㈤文德論

昭明論文，既主文質相劑，故過與不及，均非所宜。而專以描寫肉慾為能事之色情文學，尤嚴拒於千里之外。

關雎麟趾，正始之道著，桑閒濮上，亡國之音表。（文選序）

所作陶淵明集序，於陶公為人，深致傾慕，於陶公文章，亦推崇備至，獨於其閑情一賦，頗有微辭。

余愛嗜其文，不能釋手，尚想其德，恨不同時，故加搜校，粗為區目。白璧微瑕，惟在閑情一賦，揚雄所謂勸百而諷一者，卒無諷諫，何足搖其筆端，惜哉無是可也。

按昭明所謂白璧微瑕，蓋指其中間一段描寫情愛部分，玆全錄之：

初張衡作定情賦，蔡邕作靜情賦，檢逸辭而宗澹泊，始則蕩以思慮，而終歸閑正，將以抑流宕之邪心，諒有助於諷諫。綴文之士，奕代繼作，並因觸類，廣其辭義。余園閭多暇，復染翰爲之，雖文妙不足，庶不謬作者之意乎。（按以上序文）

夫何瓌逸之令姿，獨曠世以秀羣。表傾城之豔色，期有德於傳聞。佩鳴玉以比潔，齊幽蘭以爭芬。淡柔情於俗內，負雅志於高雲。悲晨曦之易夕，感人生之長勤。同一盡於百年，何歡寡而愁殷。褰朱幃而正坐，汎清瑟以自欣。送纖指之餘好，攘皓袖之繽紛。瞬美目以流眄，含言笑而不分。曲調將半，景落西軒。悲商叩林，白雲依山。仰睇天路，俯促鳴絃。神儀嫵媚，舉止詳妍。激清音以感余，願接膝以交言。欲自往以結誓，懼冒禮之爲諐。待鳳鳥以致辭，恐他人之我先。意惶惑而靡寧，魂須臾而九遷。

願在衣而爲領，承華首之餘芳，悲羅襟之宵離，怨秋夜之未央。

願在裳而爲帶，束窈窕之纖身，嗟溫涼之異氣，或脫故而服新。

願在髮而爲澤，刷玄鬢於頹肩，悲佳人之屢沐，從白水以枯煎。

願在眉而爲黛，隨瞻視以閒揚，悲脂粉之尙鮮，或取毀於華妝。

願在莞而爲席，安弱體於三秋，悲文茵之代御，方經年而見求。

願在絲而爲履，附素足以周旋，悲行止之有節，空委棄於牀前。

願在晝而爲影，常依形而西東，悲高樹之多蔭，慨有時而不同。
願在夜而爲燭，照玉容於兩楹，悲扶桑之舒光，奄滅景而藏明。
願在竹而爲扇，含淒飇於柔握，悲白露之晨零，顧襟袖以緬邈。
願在木而爲桐，作膝上之鳴琴，悲樂極以哀來，終推我而輟音。
考所願而必違，徒契契以苦心。擁勞情而罔訴，步容與於南林。栖木蘭之遺露，翳青松之餘陰。儻行行之有覿，交欣懼於中襟。竟寂寞而無見，獨悁想以空尋。
斂輕裾以復路，瞻夕陽而流歎。步徙倚以忘趣，色慘悽而矜顏。葉燮燮以去條，氣淒淒而就寒。日負影以偕沒，月媚景於雲端。鳥悽聲以孤歸，獸索偶而不還。悼當年之晚暮，恨茲歲之欲殫。思宵夢以從之，神飄颻而不安。若憑舟之失櫂，譬緣崖而無攀。
於時畢昴盈軒，北風淒淒。炯炯不寐，衆念徘徊。起攝帶以伺晨，繁霜粲於素階。雞斂翅而未鳴，笛流遠以清哀。始妙密以閑和，終寥亮而藏摧。意夫人之在茲，託行雲以送懷。
行雲逝而無語，時奄冉而就過。徒勤思以自悲，終阻山而帶河。迎清風以祛累，寄弱志於歸波。尤蔓卓之爲會，誦邵南之餘歌。坦萬慮以存誠，憩遙情於八遐。（閑情賦並序○靖節先生集）

此篇描繪美人之高潔，陳訴戀情之深功，好色而不淫，怨悱而不亂，乃離騷後難得一見之創格。其撰作緣由，現雖無從探究，但觀其寄託遙深，情意宛轉，則可斷爲一篇象徵主義（symbolism）之作品，未可以等閒兒女之情目之也。昭明乃承襲自漢尊毛詩爲經典以後文章與道德混爲一談之觀念，以爲此篇足損陶公高致，或亦春秋責備賢者之意乎。惟蘇軾則深不以爲然，其題文選云：

淵明作閑情賦，所謂『國風好色而不淫』者，正使不及周南，與屈宋所陳何異，而統大譏之，此乃小兒强作解事也。（志林）

迴護陶公，可謂不遺餘力。韓淲駁之云：

東坡謂梁昭明不取淵明閑情賦，以爲小兒强解事。閑情一賦雖可以見淵明所寓，然昭明不取亦未足以損淵明之高致。東坡以昭明爲强解事，予以東坡爲强生事。（澗泉日記）

除指斥蘇氏外，於陶公昭明均未作左右袒，甚具卓識。明清二代，爭訟益繁，歸納其說，要不出正反折衷三派，玆遴載一二，以爲談辯之助焉。

(1)贊同昭明者

㈠明郭子章豫章情話：

陶彭澤閑情賦，蕭昭明云：『白璧微瑕，惟閑情一賦。』東坡曰：『淵明作閑情賦，所謂「國風好色而不淫」，正使不及周南，與屈宋所陳何異，而統大譏之，此乃小兒强作解事者。』昭明責備之意，望陶以聖賢，而東坡止以屈宋望陶，屈猶可言，宋則非陶所願學者。東坡一生不喜文選，故不喜昭明。

㈡明楊愼升庵詩話：

陶淵明閑情賦『瞬美目以流盼，含言笑而不分』，曲盡麗情，深入冶態。裴硎傳奇、元氏會眞，又瞠乎其後矣。所謂詞人之賦麗以淫也。

㊂清方東樹續昭昧詹言：

昔人謂正人不宜作豔詩，此說甚正，賀裳駮之非也。如淵明閑情賦，可以不作。後世循之，直是輕薄淫褻，最誤子弟。

㊃清劉光第詩擬議：

有狐詩之子無裳、無服、無帶，情思繚繞，往復迫切，與陶淵明閑情賦中九願字云云，正復不異。陶賦自序云：『始則蕩以思慮，而終歸閑正。』此詩則蕩而不能自持矣。

㊄清邱煒萲五百石洞天揮麈：

『閑情作賦太無聊，有好何須九願饒。我願將身化長帶，一生牢繫美人腰。』舊曾於友人案頭見是詩，署曰書靖節閑情賦後。

(2)贊同陶公者

㊀明何孟春註陶靖節集：

賦情始楚宋玉、漢司馬相如，而平子伯喈繼之爲定靜之辭。而魏則陳琳阮瑀作止欲賦，王粲作閑邪賦，應瑒作正情賦，曹植作靜思賦，晉張華作永懷賦，此靖節所謂奕世繼作，並固觸類，廣其辭義者也。

㊁明張自烈輯箋註陶淵明集：

按昭明序云：『白璧微瑕，惟在閑情一賦。』愚謂昭明識見淺陋，終未窺淵明萬一。盲者得鏡，用以蓋巵，固不足怪。

此賦託寄深遠，合淵明首尾詩文思之，自得其旨。如東坡所云，尚未脫梁昭明窠臼。或云此賦爲睠懷故主作，或又云續之輩雖居廬山，每從州將游，淵明思同調之人而不可得，故託此以送懷。如東坡所云與屈宋何異，又安見非小兒强作解事者，索解人不易得如此。

觀淵明序云：『諒有助於諷諫』，『庶不謬作者之意』，此二語頗示己志。覽者妄爲揣度，遺其初旨，眞可悼歎。

㊂清毛先舒詩辯坻總論：

世目情語爲傷雅，動矜高蒼，此殆非眞曉者。若閑情一賦，見擯昭明，『十五王昌』，取呵北海。聲響之徒借爲辭柄，總是未徹風騷源委耳。

㊃清邱嘉穗東山草堂陶詩箋：

閑者防閑之義，與閒字不同。其賦中『願在衣而爲領』十段，正脫胎同聲歌中『莞蕈衾幬』等語意。而吳兢樂府題解所謂『喻當時七君子事君之心』，是也。詩曰：『云誰之思，西方美人。』朱子謂『託言以指西周之盛王』，如離騷『恐美人之遲暮』，亦以美人目其君也。此賦正用此體。昭明太子指爲白璧微瑕，固爲不知公者，即東坡以爲國風好色而不好淫，亦不知其比託之深遠也。

㊄清孫人龍纂輯陶公詩評註初學讀本：

古以美人比君子，公亦猶此旨耳。昭明以『白璧微瑕』議此賦，似可不必。意本風騷，自極高雅，所謂發乎情，止乎禮義者，非歟。逐層生發，情致纏綿，終歸閑正，何云卒無諷諫耶。

㈥清陳沆詩比興箋：

閑情賦，淵明之擬騷。從來擬騷之作，見於楚詞集注者，無非靈均之重儓，獨淵明此賦，比興雖同，而無一語之似，眞得擬古之神。東坡云：『晉無文，惟淵明歸去來辭一篇而已。』予亦曰：晉無文，惟淵明閑情一賦而已。乃昭明謂爲白璧之瑕，不但與所選宋玉諸賦自相刺謬，且以閑情爲好色，則離騷美人香草，湘靈二姚，鴆鳥爲媒，亦將斥爲綺詞乎，國風關雎亦當删汰乎。固哉昭明之爲詩，宜東坡一生不喜文選也。

㈦清劉光蕡陶淵明閑情賦註：

此篇乃淵明悟道之言，較歸去來辭、桃花源記、五柳先生傳尤精粹。昭明取五柳先生傳訾此爲瑕，何也。讀書不可泥於句下，所謂詩無達詁是也。苟執詞以求之，十五國風之詞，可存者僅矣。太史公謂『國風好色而不淫』，以曰離騷，淵明此篇亦卽其意。身處亂世，甘於貧賤，宗國之覆，既不忍見，而又無如之何，故託爲閑情。其所賦之詞以爲學人之求道也可，以爲忠臣之戀主也可，卽以爲自悲身世以思聖帝明王也亦無不可。

㈧陳衍石遺室論文：

其序陶淵明集，指其閑情一賦，以爲白璧微瑕，乃於高唐、神女、好色、洛神諸賦，則無不選入，此何說哉。且題曰閑情，乃言防閑情之所至也，何所用其疵點乎。後世選家不選，殆自謂所選皆有關人心世道之文，合於立德立功之旨。乃歸有光寒花葬誌，自寫與妻婢調笑情狀，頗不莊雅，而姚惜抱選入古文辭類纂，曾滌生選入經史百家雜鈔，謂之何哉。

(3)不爲左右袒者

清吳觀文批校陶淵明集陶淵明集序批語：

至於淵明閑情一賦，其自序曰：『雖文妙不足，庶不謬作者之意。』所謂作者之意，即上張蔡兩賦，所謂『檢逸辭而宗澹泊，始則蕩以思慮，而終歸閑正。將以抑流宕之邪心，諒有助於諷諫』云爾也。予細玩其賦，如『願在衣而爲領』等語，何等流宕，而終結之曰：『尤蔓草之爲會，誦邵南之餘歌。坦萬慮以存誠，憩遙情於八遐。』則終歸閑正矣。作者之意若曰：吾如是之蕩以思慮，而終無益也，則不如『坦萬慮以存誠』而已，此豈非有助于諷諫乎。而昭明乃謂其卒無諷諫，其論亦已過矣。雖然，昭明之論閑情賦則爲過當，而其言『卒無諷諫，何必搖其筆端』二語，要自爲作文之正論也。予觀後世之學義山詩者，徒習其浮靡流宕之詞，而失其旨，不能終歸閑正。予嘗謂孔子若作，則此等詩皆當入刪詩之例，惟其謬於作者之意也，使得聞卒無諷諫二語，當亦廢然返矣。然則昭明之論豈可以其過當而盡非之哉。

(六)文體論

文體莫備於梁朝，亦莫嚴於梁朝。昭明選文，獨具隻眼，七代文體，甄錄略盡，凡分體三十有八，持較文心，名目雖小有出入，大體實適相符合。茲造表比較之，以明其異同。

文選與文心雕龍文體分類異同表

文選	文心
①賦	賦
②詩	詩・樂府
③騷	（騷）
④七	雜文
⑤詔	詔策
⑥册	詔策
⑦令	詔策
⑧教	詔策
⑨文	詔策
⑩表	章表
⑪上書	奏啓
⑫啓	奏啓
⑬彈事	奏啓
⑭牋	書記
⑮奏記	奏啓
⑯書	書記
⑰移	檄移
⑱檄	檄移
⑲對問	雜文
⑳設論	雜文
㉑辭	（騷）
㉒序	論說
㉓頌	頌讚
㉔贊	頌讚
㉕符命	封禪
㉖史論	論說
㉗史述贊	頌讚
㉘論	論說
㉙連珠	雜文
㉚箴	銘箴
㉛銘	銘箴
㉜誄	誄碑
㉝哀	哀弔
㉞碑文	誄碑
㉟墓誌	誄碑
㊱行狀	○
㊲弔文	哀弔
㊳祭文	哀弔
○	史傳
○	諸子
○	諧隱
○	議對

觀此表知文心所有而文選所無者凡四：一曰史傳，二曰諸子，三曰諧隱，四曰議對。此四體者，皆非沈思翰藻之作，不符昭明之選文宗旨，故予以排除。此外，賦又分爲十五子目，詩又分爲二十三子目，亦皆他書所

無者。此則昭明區分文體之特色，蓋集衆家之大成者也。按文選成於衆手，可能參與編纂者，有劉孝綽、王筠、殷芸、到洽、徐勉、到沆、張率、王規、殷鈞、王錫、張緬、張纘、陸襄、何思澄、劉苞、謝舉、劉杳等（據南史梁書各本傳所作之推測），均屬一時之選，昭明必與之商酌再三，相互辯難，思之至慎，計之至熟，然後出之。其非師心自用，貿然決定，可以斷言。至其分類所以如此細密者，實以梁初文風特盛，作者蔚起，文體日益繁夥，內容日益複雜，非有精密之畫分，不足以應時代之需要，事實具在，無待喋喋矣。

惟後世不慊意此種分類法者甚多，蘇軾恨其『編次無法，去取失當。』（題文選）姚鼐譏爲『分體碎雜，立名可笑。』（古文辭類纂序目）蓋責其乖離瑣細，不能執簡馭繁也。孫德謙亦云：

> 六朝以前，文章無有選本，昭明文選，固後世選家之所宗也。惟選文當以體裁爲主，昭明之選，其例誠善，宜爲姚鉉而下，遞相師祖。但每類之中，所用子目，如賦之曰志、曰情，不免爲細已甚，卽賦爲六義附庸，今先賦後詩，識者譏之，是也。（六朝麗指）

以先賦後詩，不明本源責之，固極有見。然賦在兩漢，已以附庸蔚爲大國，至梁代更與五言詩、駢體文並稱文藝界之三大主流。故孰先孰後，實無關宏旨，不必深論。姚永樸則云：

> 欲學文章，必先辨門類，門者其綱也，類者其目也。總集古以文選爲美備，故王厚齋困學紀聞云：『李善精於文選，爲注解，因以講授，謂之文選學。』少陵有詩云：『續兒誦文選。』又訓其子云：『熟精文選理。』蓋選學自成家。陸放翁老學庵筆記亦云：『宋初此書盛行，士爲之語曰，文選爛，秀才半。』然其中錄文既繁，分類復瑣。蘇子瞻題之云：『恨其編次無法，去取失當。』亦不可謂盡

誣。蓋文有名異而實同者，此種只當括而歸之一類中，如『騷』『七』『難』『對問』『設論』『辭』之類，皆詞賦也。『表』『上書』『彈事』，皆奏議也。『箋』『啓』『奏記』『書』，皆書牘也。『詔』『冊』『令』『教』『檄』『移』，皆詔令也。『序』及諸史論贊，皆序跋也。『頌』『贊』『符命』，同出褒揚。『誄』『哀』『祭』『弔』，並歸傷悼。此等昭明皆一一分之，徒亂學者之耳目。（文學研究法門類）

更具體指出其分類缺失所在。以上皆文學家之觀點，或因立場不同（如二姚皆桐城派鉅子），持論遂異。今特迻錄史學家章學誠之評論，以資參較。

賦先於詩，騷別於賦。賦有問答發端，誤爲賦序，前人之議文選，猶其顯然者也。若夫封禪美新典引，皆頌也。稱符命以頌功德，而別類其體爲符命，則王子淵以聖主得賢臣而頌嘉會，亦當別類其體爲主臣矣。班固次韻，乃漢書之自序也。其云述高帝紀第一，述陳項傳第一者，所以自序撰書之本意，史遷有作於先，故已退居於述爾。今於史論之外，別出一體爲史述贊，則遷書自序，所謂作五帝紀第一，作伯夷傳第一者，又當別出一體爲史作贊矣。漢武詔策賢良，卽策問也，今以出於帝制，遂於策問之外，別名曰詔，然則制策之對，當離諸策而別名爲表矣。賈誼過秦，蓋賈子之篇目也。因陸機辨亡之論，規仿過秦，遂援左思『著論準過秦』之說，而標體爲論矣。魏文典論，蓋猶桓子新論、王充論衡之以論名書耳，論文，其篇目也，今與六代辨亡諸篇，同次於論。然則昭明自序所謂老莊之作，管孟之流，立意爲宗，不以能文爲本，其例不收諸子篇次者，豈以有取斯文，卽可裁篇題論，而改子爲集乎。七林之文，皆設問也。今以枚生發問有七，而遂標爲七，則九歌九章九辯，亦可標爲九乎。難蜀父老亦設問也，今以篇題為難，而別為難體，則客難當與同編，而解嘲當別為嘲體，賓戲當別為戲體矣。文選者，辭章之圭臬，集部之準繩，而淆亂蕪穢，不可殫詰。（文史通義詩教篇）

嚴詞抨擊，無稍寬假，幾令瓣香文選者無從置喙。雖然，文體分類之難有三：一曰素材不全，二曰標準不定，三曰抉別不精。自古至今，尚無一部令人滿意之選本，其故在此。夫前修未密，後出轉精，乃學術進步之必然現象，若文選導總集之先河，先哲嘔心瀝血之作，復賴此而存，分類偶有瑕疵，亦未足深怪也，況其識見且在前代諸家之上乎。

二、昭明文選

總集之興，源自詩書，詩三百篇，周詩之總集也，書百篇，周以前文之總集也。然此二書，漢儒均列之於經，固不可以純文學目之。劉歆雖有七略之著，文章之集，似粗具條理，惟彼旨在校讎，初非為文體之彙類也。逮建安以後，詞藝勃興，衆家之集，日以滋廣，於是纂總集者紛起。若杜預之善文，摯虞之文章流別集，謝混之文章流別本，孔寧之續文章流別，劉義慶之集林，孔逭之文苑，沈約之集鈔，其他散見於隋唐志書者，不可勝數。多者或一二百卷，少者亦十餘卷，惜諸書並亡，莫知其詳，自宋以來，目錄學家遂以文選為總集之冠。其是非得失，亦有可得而言者。

㈠選文標準

文選乃流傳至今最古之純文學總集，其價值之高，自無待言。四庫提要總集類序云：

文籍日興，散無統紀，於是總集作焉。一則網羅放佚，使零章殘什，並有所歸。一則刪汰繁蕪，使莠稗咸除，菁華畢出。是固文章之衡鑑，著作之淵藪矣。

此兩種作用，文選當之，可以無愧。綜覽全書，其甄錄標準，歸納之蓋有四焉。

(1)不錄經子史　昭明編纂文選，旨在提倡純文學，經子史書非不可貴，然其性質與純文學相去甚遠，故一概不錄。惟史傳中之讚論序述例外

(2)專錄沈思翰藻之作　昭明編纂文選，非以提倡純文學爲已足，其最後目標，則在維護美術文學。沈思翰藻乃美術文學之首要條件，凡合於此一條件者，悉加取錄。

(3)不錄生存　文選一書，牢籠七代，凡得百三十餘家，惟時人之作，概不錄入，此昭明之創例也。晁公武郡齋讀書志云：『竇常謂統著文選，以何遜在世，不錄其文。蓋其人既往，而後其文克定，故所錄皆前人作也。』蓋時人之作，一以未經論定，二爲避恩怨之嫌，實不宜妄加褒貶。劉勰鍾嶸詳論才士，皆闕當代，亦屬此意。

(4)詳近略遠　文選所選之文，上起成周，下終梁世，凡更七代，其中以魏晉宋齊梁爲多，兩漢稍略，嬴秦更略，周則卜商詩序屈原離騷而外，無他策焉。孫德謙六朝麗指云：

至其自序，以明經史諸子不入選輯，或謂昭明所選，乃是必文而後選，誠哉是言。吾謂登選之文，雖甄錄楚詞與子夏詩序，上起成周，其實偏重六朝，何以知之，試觀令載任彥昇宣德皇后令一首，敎載

傳季友爲宋公修張良廟敎修楚元王廟敎二首，策秀才文則祇有王元長與彥昇兩家，以及啓類、彈事類、墓誌、行狀、祭文諸類，彥昇爲多，其餘即沈約顏延之謝惠連王僧達數人之文，豈非以六朝爲主乎。不然，自啓以下，古人詎無作此體者。近世之論駢文，有所謂選體，蓋亦詔人以學六朝乎。

蓋昭明選文，以沈思翰藻爲主，周秦兩漢之文，大都經子史，略無辭華之美，故所錄甚少。宋齊之世，唯美文學大盛，故所錄特多。何屺瞻讀書記亦云：

> 此書於嬴劉二代，聊示椎輪，當求諸史集。建安以降，大同以前，衆論之所推服，時士之所鑽仰，蓋無遺憾焉。

其甄錄原則，詳近略遠，蓋可知已。

㈡作家與作品

甄錄之標準既明，乃可進言作家及其作品。文選所錄作者凡一百三十人，計周四人，秦一人，西漢十八人，東漢二十一人，魏十二人，蜀一人，吳一人，西晉三十一人，東晉十四人，宋十二人，齊五人，梁十人。茲將此一百三十家作者及其作品，表列如次，以備考覽。

文選作者與作品一覽表（此表據駱鴻凱文選學而又粗加補充改正）

朝代	作者姓名	字號	作品篇名
周	卜商	子夏	毛詩序

	屈原	靈均	離騷經・九歌六首・九章一首・卜居・漁父
	宋玉		風賦・高唐賦・神女賦・登徒子好色賦・九辯五首・招魂・對楚王問
	荊軻		歌一首
秦	李斯		上秦始皇書
西漢	劉邦		歌一首
	劉徹		詔一首　賢良詔・秋風辭
	賈誼		服鳥賦・過秦論・弔屈原文
	劉安	淮南小山	招隱士
	韋孟		諷諫詩
	枚乘	叔	七發八首・奏書諫吳王濞・重諫舉兵
	鄒陽		上書吳王・於獄中上書自明
	司馬相如	長卿	子虛賦・上林賦・長門賦・上疏諫獵・喻巴蜀檄・難蜀父老・封禪文
	東方朔	曼倩	答客難・非有先生論
	司馬遷	子長	報任少卿書

	李陵	少卿	與蘇武詩三首・答蘇武書
	蘇武	子卿	詩四首
	孔安國	子國	尚書序
	楊惲	子幼	報孫會宗書
	王褒	子淵	洞簫賦・聖主得賢臣頌・四子講德論
	揚雄	子雲	甘泉賦・羽獵賦・長楊賦・解嘲・趙充國頌・劇秦美新論
	劉歆	子駿	移書讓太常博士
	班姬		怨歌行
東漢	班彪	叔皮	北征賦・王命論
	朱浮	叔元	與彭寵書
	班固	孟堅	兩都賦・幽通賦・答賓戲・典引・漢書公孫弘傳贊・漢書述高祖紀贊・述成紀贊・述韓彭英盧吳傳贊・封燕然山銘
	傅毅	武仲	舞賦
	張衡	平子	西京賦・東京賦・南都賦・思玄賦・歸田賦・四愁詩四首
	崔瑗	子玉	座右銘

馬融	季長	長笛賦
史岑	孝山	出師頌
王延壽	文考	魯靈光殿賦
蔡邕	伯喈	郭林宗碑文・陳仲弓碑文
孔融	文舉	薦禰衡表・與曹公論盛孝章書
禰衡	正平	鸚鵡賦
潘勗	元茂	魏王九錫文
阮瑀	元瑜	爲曹公作書與孫權
劉楨	公幹	公讌詩・贈五官中郎將四首・贈徐幹・贈從弟三首・雜詩
陳琳	孔璋	答東阿王牋・爲曹洪與魏文帝書・爲袁紹檄豫州・爲曹公檄吳將校部曲文
應瑒	德璉	侍五官中郎將建章臺集詩
楊修	德祖	答臨淄侯牋
王粲	仲宣	登樓賦・公讌詩・詠史詩・七哀詩二首・贈蔡子篤・贈士孫文始・贈文叔良・從軍詩五首・雜詩
繁欽	休伯	與魏文帝牋

班昭	惠姬	東征賦
古詞		
佚名		古樂府三首・古詩十九首
魏		
曹操	孟德	樂府二首
曹丕	子桓	芙蓉池作・樂府二首・雜詩二首・與朝歌令吳質書・與吳質書・與鍾大理書・典論論文
曹植	子建	洛神賦・上責躬詩・應詔・公讌詩・送應氏詩二首・三良詩・七哀詩・贈徐幹・贈丁儀・贈王粲・又贈丁儀王粲・贈白馬王彪・贈丁廙・樂府四首・朔風詩・雜詩六首・情詩・七啓八首・求自試表・求通親表・與楊德祖書・與吳季重書・王仲宣誄
吳質	季重	答魏太子牋・在元城與魏太子牋・答東阿王書
繆襲	熙伯	挽歌
應璩	休璉	百一詩・與滿公琰書・與侍郎曹長思書・與廣川長岑文瑜書・與從弟君苗君胄書
李康	蕭遠	運命論
曹冏	元首	六代論
何晏	平叔	景福殿賦
嵇康	叔夜	琴賦・幽憤詩・贈秀才入軍五首・雜詩・與山巨源絕交書・養生論

	阮籍	嗣宗	詠懷詩十七首・爲鄭沖勸晉王牋・奏記詣蔣公
	鍾會	士季	檄蜀文
蜀	諸葛亮	孔明	出師表
吳	韋昭	弘嗣	博弈論
西晉	應貞	吉甫	晉武帝華林園集詩
	傅玄	休奕	雜詩
	羊祜	叔子	讓開府表
	皇甫謐	士安	三都賦序
	趙至	景眞	與嵇茂齊書
	杜預	元凱	春秋經傳集解序
	棗據	道彥	雜詩
	成公綏	子安	嘯賦
	向秀	子期	思舊賦
	劉伶	伯倫	酒德頌

夏侯湛	孝若	東方朔畫像贊
傅咸	長虞	贈何劭王濟
孫楚	子荊	征西官屬送於陟陽侯作詩・爲石仲容與孫皓書
張華	茂先	鷦鷯賦・勵志詩・答何劭二首・雜詩・情詩二首・女史箴
潘岳	安仁	藉田賦・射雉賦・西征賦・秋興賦・閒居賦・懷舊賦・寡婦賦・笙賦・關中詩・金谷集作詩・悼亡詩三首・爲賈謐作贈陸機・河陽縣作・在懷縣作二首・楊荊州誄・楊仲武誄・夏侯常侍誄・馬汧督誄・哀永逝文
何劭	敬祖	游仙詩・贈張華・雜詩
石崇	季倫	王明君辭・思歸引序
張載	孟陽	七哀詩二首・擬四愁詩・劍閣銘
陸機	士衡	歎逝賦・文賦・皇太子讌玄圃宣猷堂有令賦詩・招隱詩・贈馮文羆遷斥丘令詩・答賈謐詩・於承明作與士龍・贈尚書郎顧彥先二首・贈交趾太守顧公眞・贈從兄車騎・答張士然詩・爲顧彥先贈婦二首・贈馮文羆・又贈弟士龍・赴洛二首・赴洛道中作二首・爲吳王郎中時從梁陳作・樂府十七首・挽歌三首・園葵詩・擬古詩十二首・謝平原內史表・豪士賦序・漢高祖功臣頌・辨亡論・五等諸侯論・演連珠五十首・弔魏武帝文

	陸　雲	士龍	大將軍讌會被命作詩・爲顧彥先贈婦二首・答兄機・答張士然
	司馬彪	紹統	贈山濤
	張　協	景陽	詠史・雜詩・七命八首
	潘　尼	正叔	贈陸機出爲吳王郎中令・贈河陽詩・贈侍御史王元貺・迎大駕
	左　思	太沖	三都賦序・蜀都賦・吳都賦・魏都賦・詠史詩八首・招隱詩二首・雜詩
	張　悛	士然	爲吳令謝詢求爲諸孫置守冢人表
	李　密	令伯	陳情表
	曹　攄	顏遠	思友人詩・感舊詩
	王　讚	正長	雜詩
	歐陽建	堅石	臨終詩
	郭泰機		答傅咸
	木　華	玄虛	海賦
東晉	劉　琨	越石	答盧諶・重贈盧諶・扶風歌・勸進表
	郭　璞	景純	江賦・游仙詩七首

	庾亮	元規	讓中書令表
	盧諶	子諒	覽古・贈劉琨・贈崔温・答魏子悌・時興詩
	袁宏	彥伯	三國名臣序贊
	干寶	令升	晉武帝革命論・晉紀總論
	桓温	玄子	薦譙元彥表
	孫綽	興公	天台山賦
	束皙	廣微	補亡詩六首
	張翰	季鷹	雜詩
	殷仲文	仲文	南州桓公九井作・自解表
	謝混	叔源	游西池
	王康琚		反招隱
	陶潛	淵明	始作鎮軍參軍經曲阿作・辛丑歲七月赴假還江陵夜行塗口作・挽歌・雜詩二首・詠貧士・讀山海經・擬古詩・歸去來
宋	謝瞻	宣遠	九日從宋公戲馬臺送孔令・王撫軍庾西陽集別作詩・張子房詩・答靈運・於安城答靈運
	傅亮	季友	爲宋公修張良廟教・修楚元王廟教・爲宋公至洛陽謁五陵表・爲宋公求加贈劉前將軍表

謝靈運		述祖德詩二首・九日從宋公戲馬臺送孔令・隣里相送方山・從游京口北固應詔・晚出西射堂・登池上樓・游南亭・游赤石進帆海・石壁精舍還湖中・登石門最高頂・於南山往北山經湖中瞻眺・從斤竹澗越嶺溪行・廬陵王墓下作・還舊園作見顏范二中書・登臨海嶠與從弟惠連・酬從弟惠連・初發都・過始寧墅・富春渚・七里瀨・發江中孤嶼・初去郡・初發石首城・道路憶山中・入彭蠡湖三首・入華子岡是麻源第三谷・樂府・南樓中望所遲客・田南樹園激流植援・齋中讀書・石門新營所住四面高山廻谿石瀨茂林修竹・擬魏太子鄴中集詩八首
謝惠連		雪賦・泛湖出樓中玩月・秋懷・西陵遇風獻康樂・七月七日夜詠牛女・擣衣・祭古冢文
范曄	蔚宗	樂游應詔・後漢書皇后紀論・二十八將論・宦者傳論・逸民傳論・後漢光武紀贊
袁淑	陽源	倣白馬篇・倣古詩
顏延之	延年	赭白馬賦・應詔曲水讌詩・皇太子釋奠會詩・秋胡詩・五君詠五首・應詔觀北湖田收・車駕幸京口侍遊蒜山作・車駕幸京口三月三日侍遊曲阿後湖詩・拜陵廟作・贈王太常・夏夜呈從兄散騎車長沙・直東宮答鄭尚書・和謝監靈運・北使洛・還至梁城作・始安郡還都與張湘州登巴陵城樓作・宋郊祀歌二首・三月三日曲水詩序・陽給事誄・陶徵士誄・宋文元皇后哀策文・祭屈原文
謝莊	希逸	月賦・宋孝武宣貴妃誄
鮑照	明遠	蕪城賦・舞鶴賦・詠史・行藥至城東橋・還都道中作・樂府八首・數詩・翫月城西門廨中・擬古詩三首・學劉公幹體・代君子有所思

	劉鑠	休玄	擬古詩二首
	王僧達		答顏延年・和琅邪王依古・祭顏光祿文
	王微	景玄	雜詩
齊	王儉	仲寶	褚淵碑文
	王融	元長	永明九年策秀才文五首・永明十一年策秀才文五首・三月三日曲水詩序
	謝朓	玄暉	新亭渚別范零陵・游東田・同謝諮議銅雀臺・郡內高齋閑坐答呂法曹・在郡臥病呈沈尚書・暫使下都夜發新林至京邑贈西府同僚・訓王晉安・之宣城出新林浦向板橋。敬亭山・休沐重還道中・晚登三山還望京邑・京路夜發・鼓吹曲・始出尚書省・直中書省・觀潮雨・郡內登望・和伏武昌登孫權故城・和王著作八公山詩・和徐都曹詩。和王主簿怨情・拜中軍記室辭隨王牋・齊敬皇后哀策文
	陸厥	韓卿	奉答內兄希叔・中山王孺子妾歌
	孔稚珪	德璋	北山移文
梁	范雲	彥龍	贈張徐州・古意贈王中書・效古詩
	江淹	文通	恨賦・別賦・從建平王登廬山香鑪峯・望荊山・雜體詩三十首・詣建平王上書
	任昉	彥昇	出郡傳舍哭范僕射・贈郭桐廬・爲宣德皇后勸進梁公令・天監三年策秀才文三首・爲齊明帝讓宣城郡公表・爲范尚書讓吏部封侯第一表・

		爲蕭揚州薦士表・爲褚諮議蓁讓代兄襲封表・爲范始興作求立太宰碑表・奉答敕示七夕詩啓・爲卞彬謝修卞貞忠墓啓・上蕭太傅固辭奪禮啓・奏彈曹景宗・奏彈劉整・到大司馬記室牋・爲百辟勸進今上牋・王文憲集序・劉先生夫人墓誌・齊竟陵文宣王行狀
丘遲	希範	侍讌樂遊苑送張徐州應詔・旦發漁浦潭・與陳伯之書
沈約	休文	應詔樂遊餞呂僧珍・別范安成・鍾山詩應西陽王教・宿東園・遊沈道士館・早發定山・新安江水至淸淺深見底貽京邑游好・和謝宣城詩・應王中丞思遠詠月・冬節後至丞相第詣世子車中作・直學省愁臥・詠湖中鴈・三月三日率爾成篇・奏彈王源・宋書謝靈運傳論・恩倖傳論・齊安陸昭王碑文
王屮	簡棲	頭陀寺碑文
虞羲	子陽	詠霍將軍北伐
劉峻	孝標	重答劉秣陵沼書・辨命論・廣絕交論
陸倕	佐公	石闕銘・新刻漏銘
徐悱	敬業	古意酬到長史溉登琅邪城

按古樂府三首，昭明不著撰人名氏。李善注云：『言古詩，不知作者姓名。』古詩十九首亦然。李善注云：『並云古詩，蓋不知作者，或云枚乘，疑不能明也。詩云「驅車上東門」，又云「遊戲宛與洛」，此則辭兼東都，非盡是乘明矣。』細味詩辭，殆兩漢無名氏之作，非出於一人，亦非成於一時也。聞人倓古詩箋云：『

昭明以失其姓名，統名爲古詩，從昭明爲允。』其言誠是。

㈢爭論焦點

文選作者有僞託者，昭明以其文傳誦已久，循例甄錄，如司馬相如長門賦，李陵與蘇武詩、答蘇武書，孔安國尚書序，趙至與嵇茂齊書等，不意竟滋後人疑竇，而交相攻難。又未選之文有宜取者，如屈原遠遊、天問，揚雄蜀都賦，王羲之蘭亭集序，江淹故鄉江上二詩等，前賢多謂棄置失當，有可譏者。玆選二首爲例：

【例一】 李陵答蘇武書

李陵答蘇武書，世多疑爲贋品。玆遴載三家之說於後：

劉知幾史通雜說篇：

李陵集有與蘇武書，辭采壯麗，音調流靡，觀其文體，不類西漢人，殆後來所爲，假稱陵作也。遷史缺而不載，良有以焉。編於李集中，斯爲謬矣。

蘇軾答劉沔書：

梁蕭統文選，世以爲工，以軾觀之，拙於文而陋於識者，莫統若也。宋玉賦高唐神女，其初略陳所夢之因，如子虛亡是公相與問答，皆賦矣，而統謂之『敍』，此與兒童之見何異。李陵蘇武贈別長安，而詩有『江漢』之語。及陵與武書，辭句儇淺，正齊梁間小兒所擬作，決非西漢文，而統不悟，劉子玄獨知之。識眞者少，蓋從古所病也。

梁章鉅文選旁證引翁方綱之說：

李陵答蘇武書，後人謂非陵作，又云馬遷代作。今按其文，排蕩感慨，與西京風氣迥別，是固不待言。抑又有說者，中間一段，敍戰事極詳，按武在匈奴十九年，常與陵往來，其敗其降，先後原委，豈有不洞然胸中者，乃必待前書未盡，始復暢所懷乎。陵在匈奴，雖痛漢之負己，然觀其與武飲酒，自謂罪通於天，及置酒賀武，惟自痛不能類武。比立政等至匈奴招陵，陵止以再辱爲懼，未有它語，豈在匈奴時反無一語及漢之過，而於書中必相責望耶。且陵卽怨漢，不過及武帝一身，與諸帝何與，而乃稱引韓彭諸往事，雖當盛怒，然亦曾臣漢，何至絕棄一至於此乎。揣陵之心，其將欲以此速子卿之禍歟。況漢之族陵家，本以陵教單于爲兵備漢故耳，非因其降也。今謂厚誅陵以不死，亦與本事相乖。此時田千秋爲丞相，桑宏羊爲御史大夫，霍子孟上官少叔用事，霍與上官故善陵，烏睹所謂『妨功害能之臣，盡爲萬戶侯，親戚貪佞之類，悉爲廊廟宰』者哉。況武與陵稱夙善，楊惲以南山詩句貽孫會宗，遂至大戮，而會宗亦坐免官，今連篇怨望，萬里相贈，其誰不知。幼主在上，可爲寒心，武獨不一思乎。是此書必不作於西漢，若作於西漢時，吾知子卿得書，且投之水火，泯其蹤跡，必不待至今日矣。第前後布置，於當日情事，段段取用，此正作者善以假爲眞處。故自昭明選後，鮮不以爲陵作，而卒難欺諸千百年後也。至以此爲司馬代之辨白，此又非也。子長於陵事，於任益州一書，痛自稱述，不必再爲剖白。況被刑以後，此事亦不復深言，作李陵傳，艸艸點次便止，今復撰此書，其意何居，將示時人乎，則一之爲甚，不得復自招尤。將示後人乎，取擬筆之書，貽之千百年後，信不信未可知，何益之有。或云六朝高手所爲，想是明眼也。則此書非李氏所作，已無疑義。惟蘇軾斷爲齊梁小兒所作，蓋亦未之思也。以常理推測之，若果爲齊梁人所僞造，則昭明絕不至於懵然不知。何焯義門讀書記言此『似亦建安才人所作』，似較合理。太平御覽四八九引此書，謂出李陵別傳。按別傳之體，盛行於魏晉間，三國志裴注及世說劉注徵引最多，亦未可據以爲信。另藝文類聚三十載李陵與蘇武書，內容與本文頗有出入。又文選李注屢引李陵答蘇武書，且均不見於以上二文，可知當時僞作者甚衆，至唐時猶多殘存者。梁氏文選旁證又引林茂春云：『唐人省試諸題，有李都尉重陽日得蘇屬國書。』由此可以推知自建安以後，作文以蘇李事跡爲題材者，可能爲數不少。

【例二】王羲之蘭亭集序

王氏蘭亭集序乃家弦戶誦之作，而文選不收，其爲搜羅不及，抑爲體例謹嚴，今已不得而知。惟後之論者，相踵不絕，歸納其說，可分正反折衷三派：

孫梅四六叢話引三柳軒雜識：

> 世謂蘭亭不入選，以絲竹管絃爲病，天朗氣清，不當於春時言。陵陽韓子蒼云，春多氣昏，是時天氣清明，故可書，如杜子美六月風日冷之義。絲竹管絃四字乃班孟堅西漢中語。梁以前古文不在選中者尙多，何特此序耶。

又引孏眞子：

蘭亭序在南朝，文章少其倫比。或曰，絲即是絃，竹即是管，今疊四字，故遺之。然此四字乃出張禹傳，云：『身居大第，後堂理絲竹管絃。』始知右軍有所本也。且文選中出蘭亭下者多矣，此蓋昭明之誤耳。

陳衍石遺室論文：

六朝間散文之絕無僅有者，不過王右軍陶靖節之作數篇。而右軍蘭亭序，昭明文選及後世諸選本皆不收，論者以為篇中連用『絲竹管絃』四字，絲竹即管絃為重複。然此四字，實本漢書張禹傳，傳云：『後堂理絲竹管絃』，前人已據而辯之，又引莊子我無糧、我無食為證矣。其實昭明文選，多可訾議，佳篇遺漏者甚多，不足為憑。

晉代承魏何晏王衍諸人風尚，競務清談，大概老莊宗旨。右軍雅志高尚，稱疾去郡，誓於父母墓前，與東土人士窮名山，泛滄海，優游無事，弋釣為娛，宜其所言，於老莊玄旨，變本加厲矣。而此序臨河興感，知一死生為虛誕，齊彭殤為妄作，即仲尼樂行憂違，在川上而有逝者如斯之歎也。世人薰心富貴，顛倒得失，宜其不足以知此。昭明舍右軍而采顏延年王元長二作，則偏重駢麗之故，與平淮西碑舍昌黎而取段文昌者，命意略同也。

謂蘭亭集序中『絲竹管絃』、『天朗氣清』二句並非疵累，前者出漢書張禹傳，後者為江南春季實景。蓋極力為王氏辯護者。

喬松年蘿藦亭雜記：

六朝談名理，以老莊爲宗，貴於齊死生，忘得喪。王逸少蘭亭序謂『一死生爲虛誕，齊彭殤爲妄作』，有惜時悲逝之意，非彼時之所貴也，故文選棄而不取。

章太炎國學略說文學略說：

晉人作文，好爲迅速，蘭亭序醉後之作，文不加點，卽其例也。昭明文選，則以沉思翰藻爲主。蘭亭速成，乖於沉思，文采不艷，又異翰藻。是故屛而弗錄。

喬氏謂右軍有惜時悲逝之意，與南朝玄學思想相悖，甚有見地。章氏則謂右軍此作，不合昭明『沈思翰藻』之選文宗旨，亦至精審。此則爲昭明辯解者。

王勉夫野客叢書：

遯齋閒覽云：『季父虛中謂王右軍蘭亭序以天朗氣淸，自是秋景，以此不入選。余亦謂絲竹管絃亦重複。』僕謂不然。絲竹管絃本出前漢張禹傳。而三春之際，天氣肅淸，見蔡邕終南山賦。熙春寒往，微雨新晴，六合淸朗，見潘安仁閒居賦。仲春令月，時和氣淸，見張平子歸田賦。安可謂春間無天朗氣淸之時。右軍此筆，蓋直述一時眞率之會趣耳。然則斯文之不入選，良由搜羅之不及，非故遺之也。

此則歸咎於搜羅不及，非有意遺之，爲雙方作調人，允爲折衷之論。

(四)文選之評價

文選與文心雕龍爲唯美文學之兩部要籍，文選乃選錄唯美文學作品之總集，文心則評騭唯美文學作家之得失，其影響於後世文學者深矣。他勿具論，即以文體分類一端言之，乾嘉以來，辨析文體之風甚熾，要而歸之，約分三派：一曰駢文派，一曰散文派，一曰駢散合一派。無論何派，均崇奉蕭劉二氏爲宗主，論點亦自不能出於二書畛畦之外，觀下表所列，可以知也。

近代文體分類師承表

- 文選——孫梅・阮元——駢文派
- 文選、文心雕龍——姚鼐・曾國藩——散文派
- 文心雕龍——李兆洛・章炳麟——駢散合一派

二書雖同爲中國文學之瓌寶，然千餘年來，非議文心者少，而抨擊文選者多。非議文心之作，無關本書，玆專論抨擊文選者。

抨擊文選者，以劉申受章太炎徐英三氏爲代表。劉氏八代文苑敍錄云：

> 文選綴緝，有三善焉。體例謹嚴，芟翦不加經史，一也。蒐羅廣博，奧隱不墜浮沈，二也。筐篋六籍，鼓吹百家，後有明哲，罕出範圍，三也。若乃類聚乖舛，棄置失當，亦有可議者焉。靈均遠遊天問，開詞賦之宗。文通故鄉江上，採騷歌之韻。長卿凌雲之氣，枚叔梁園之才，子雲蜀都，太沖斯仿。武皇悼逝，黃門是規。明遠遊思，徽音宋玉。張融賦海，表裏玄虛。郊祀不采漢志，僅及延年。

樂府止涉五言，未遑曲調。册令勸進之作，視獎亂爲故常，詩序史論之收，顯違例而彌陋。七發命七，章辨幾可以九名，王褒對問，非韻安得以頌列。雄風高唐，義存諷諫，焉止狀景言情。服鳥集舍，志明死生，非誇博物多識。臨終百一，徒受嗤於後人，僞孔擬蘇，炫別裁於玄鑒。下略

章氏文學總略云：

文選序云：『謀夫之話，辯士之端，雖傳之簡牘，而事異篇章。』此則語言文字之分也。然選例亦不一致，依史所載，荆卿易水，漢祖大風，皆臨時觸興而作，豈嘗先屬草稿，亦與出話何異，而文選固錄之矣。至於辭命，則有草創潤色之功，蘇張陳說，度亦先有篇章。文選錄易水大風二歌，而獨汰去辯說，亦自相鉏鋙矣。士衡文賦云：『說煒曄而譎誑。』是亦列爲文之一種，要於修辭立誠有不至爾。

徐氏文選類例正失云：

他如選錄之失，尤多可異。自流別不傳，而文選爲總集之祖，羅辭苑之精英，爲藝林之玄圃。至今窺兩漢六朝之文者，莫不奉爲圭臬，資彼挹注。而選錄諸文，但取盈卷，或求備格，蕪穢濫存者，難可悉數，約略舉示，可得言焉。孫綽天台賦成，語范榮期曰：『卿試擲地，當作金石聲。』一時傲誕之語，恐亦未必自信，卽今觀之，了無佳處，以次仲宣明遠，儗非其倫，昭明怵於盛名，濫登之耳。王褒洞簫之賦，通體平淺，馬融長笛之頌，徒爲詞費，聊備一格，云何准式。安仁爲賈謐贈陸機詩，潘詩之下者。靈運山水之詩，故是千秋絕藝，至其樂府諸題，乃謝詩之糟粕。而會行吟一篇，乃居然入

錄。又擬魏太子鄴中集八首，俱無可稱，而一一采之，優劣去取，亦何繆歟。彥昇宣德皇后令，大媿任筆，不當在選，徒欲侈陳乃考功德，何焯譏之，實爲知言。劉孝標重答劉秣陵沼書，書失而序存，卽以序爲書，尤爲大謬。陳琳檄吳之文，凡宂庸沓，比於討曹之檄，疑出二手。選家論文，宜有去取，而玉石俱存，斯爲濫矣。

高唐神女諸賦，以問答發端，子虛上林效之，蕭氏乃以玉曰唯唯以上爲序，此蘇軾所以譏其不識古人體製也。劉歆移書讓太常博士，揚雄解嘲諸篇，並節錄漢書數語，題之爲序，此又不知而妄作者已。（曾國藩經史百家雜鈔尚承其誤）

文選一書，上下九代（周秦兩漢魏晉宋齊梁），裒然巨觀，昭示千古，而義例體類，其失如彼，選錄之濫，又復如此，蘇軾斥爲齊梁小兒之爲，夫豈妄哉。

三氏所論，皆針對昭明分體之誤與甄選之失而痛加指斥者，雖不免於責求全備之心過切，要多爲文選中不可諱言之缺憾。此則操選政者最易貽人口實之處，推之其他選集，亦莫不皆然，固不獨文選一書已也。

雖然，隋侯之珠，不能無垢，荆山之玉，不能無瑕，珍如珠玉，且猶如此，況高下由人之文章乎。曹植與楊德祖書云：

昔尼父之文辭，與人通流，至於制春秋，游夏之徒乃不能措一辭。過此而言不病者，吾未之見也。

此雖指著述而言，而選文之事，亦庶幾焉。文選之缺失，誠有如上舉諸家所評者，然自李唐來，幾於家家弦誦不絕，載筆之士，無不奉爲圭臬，其衣被詞人，固非一代，此豈非瑕不掩瑜之明證耶。歷代文家爲文稱頌

之者，更僕難終，其中
首先說明文選之價值云：

文之爲言，合乎不文，非他山之瑜瑾，文而非選，豈麗製之淵林。若乃緊及乎千載，吾於昭明氏見之矣。夫一言以知，覈蔑知人難矣，未若知言之難也。後世必有子雲，知言難矣，未若知文之尤難也。更二難以課最，包載籍以爲程，著述以來，僅有斯作。夫陶冶墳素者本於學，筦攝人文者係乎才，南華非出僻書，左史焉知問遠，少見多怪，膚受淺中，學不博者，固未足以論文。又或識鮮通變，質本下中，辨鼎得贋，買璞誤鼠，才不高者，亦無以枋選。同時俊彥，希望苑於青冥，千古斯文，感高樓之風雨。

謂『著述以來，僅有斯作』，衡諸事實，確非過譽。繼謂『揆厥所長，大體有五』。一曰識見之宏通。

曰通識。五經紛綸，而通釋訓詁者有爾雅，諸史肸蠁，而通述紀傳者有史記。選之爲書，上始姬宗，下迄梁代，千餘年間，藝文備矣。質文升降之故，風雅正變之由，雲開日下，接迹於簡編，漢妾楚臣，連衡於辭翰。其長一也。

此言文選之輯藝文，與爾雅之釋訓詁，史記之述紀傳，鼎峙而三。又精選八代名作，使人了然於質文升降、風雅正變之源流，此則其最大成功處。二曰博綜之可貴。

曰博綜。自昔文家，尤多派別，文志表江左之盛，典論詮鄴下之賢。選之所收，或人登一二首，或集載數十篇，詩筆不必兼長，淄澠不必盡合。詠懷擬古，以富有爭奇，玄虛簡棲，以單行示貴。其長二也。

此言昭明絕無門戶之見，凡屬美文，必加甄錄。各種體裁，各種派別，粲然明備。三曰辨體之精微。

曰辨體。風水遭而斐亹作，心聲發而典要存，敬禮工爲小文，長卿長於典冊，體之不圖，文於何有。分區別類，既備之於篇，溯委窮源，復辨之於序。勿爲翰林主人所嗤，匪供兎園冊子之用。其長三也。

此言文體繁夥，鮮能備善，文士所擅，多偏一體，而昭明法眼獨具，所選錄者，多屬各家代表之作。四曰伐材之捷便。

曰伐材。文字英華，散在四部，窺豹則已陋，祭獺則無工。惟沈博絕麗之文，多左右采獲之助。王孫驛使，雅故相仍，天雞蹲鴟，繽紛入用。是猶陸海探珍，鄧林擷秀也。其長四也。

此言書籍浩浩，要在愼擇，而昭明所選，多沈博絕麗之文，足供學者饋貧之用，伐材之捷便，無踰於此。五曰鎔範之愜當。

曰鎔範。文筆之富，浩如淵海，斷制之精，運於鑪錘。使漢京以往，弭抑而受裁，正始以還，激昂而競響。雖禊序不收，少卿僞作，各有指歸，非爲謬妄。謂小兒强解事，此論未公，變學究爲秀才，其功實倍。其長五也。

此言昭明選政之公，取捨之當，鎔範苦心，具見於此。學者苟能寢饋其中，博通其致，信可以驅遣華藻，雍容壇坫，又豈止變學究爲秀才已耶。

綜上以觀，雖間有溢美之辭，要多爲持平之論。一斑既見，全豹可知，自餘各家所讚，固無庸一一臚舉。

第五章　六朝唯美文學之別流

魏晉南北朝乃唯美文學彌漫之時代，亦卽爲文學而文學之全盛時代也。卽以文章一道而論，當時作者，誠如劉知幾所謂：『大抵編字不隻，捶句皆雙，修短取均，奇偶相配，故應以一言蔽之者，輒足爲二言，應以三句成文者，必分爲四句。』（史通敍事篇）如曹植與楊德祖書中之『當此之時，人人自謂握靈蛇之珠，家家自謂抱荆山之玉，吾王於是設天網以該之，頓八紘以掩之，今悉集玆國矣』六句，嚴格言之，減去三五兩句，意思亦已表達無遺，而作者不憚煩碎而用之者，在求字句之平衡，意義之對稱也。後進之士，競相研摹，變本加厲，駢麗之文遂如日中天，光芒四射矣。惟當駢文獨秀之時，亦有若干作家冥心孤往，別樹一幟，不逐波揚瀾而兼重文質者，或注經，或修史，或談玄，或論政，或紀事，或議典禮，或述名勝，有非駢辭所能暢加表達者，輒以散行之筆出之。故魏晉南北朝之文，雖盛行駢體，而散體亦未嘗衰歇。惟此類文章，多屬應用之作，亦卽蕭繹所謂之『筆』，而非蕭繹所謂之『文』而已。今各爲條論，繫諸左方。

一、經學家之散文

經學至東漢而臻於極盛，物窮則變，盛極則衰，此自然之理，亦情勢之常也。六朝時代，經學大師如許鄭之流雖不復能見，而注疏之學則多能推陳出新，自成一說。如魏何晏之解論語，吳陸璣之疏毛詩，魏王弼之注周易，晉杜預之解春秋經傳，范寧之釋穀梁，梁皇侃之疏論語，是其犖犖較著者，其書泰半列入十三經注疏中，共江河而不廢矣。自餘名家若虞翻、王朗、董遇、王肅等，皆獨持己見，與漢儒分庭而抗。經師之作，蓋以立意爲宗，不以能文爲本，故英辭博練，奧義環深，是其特色。試舉范甯之穀梁傳序爲例：

昔周道衰陵，乾綱絕紐，禮壞樂崩，彝倫攸斁，弒逆篡盜者國有，淫縱破義者比肩。是以妖災因釁而作，民俗染化而遷，陰陽爲之愆度，七曜爲之盈縮，川岳爲之崩竭，鬼神爲之疵厲。故父子之恩缺，則小弁之刺作，君臣之禮廢，則桑扈之諷興，夫婦之道絕，則谷風之篇奏，骨肉之親離，則角弓之怨彰，君子之路塞，則白駒之詩賦。天垂象，見吉凶，聖作訓，紀成敗，欲人君戒愼厥行，增修德政，蓋誨爾諄諄，聽我藐藐，履霜堅冰，所由者漸。四夷交侵，華戎同貫，幽王以暴虐見禍，平王以微弱東遷，征伐不由天子之命，號令出自權臣之門，故兩觀表而臣禮亡，朱干設而君權喪，下陵上替，僭逼理極，天下蕩蕩，王道盡矣。孔子覩滄海之橫流，迺喟然而歎曰：『文王既沒，文不在茲乎。』言文王之道喪，興之者在己。於是就大師而正雅頌，因魯史而修春秋，列黍離於國風，齊王德於邦君，所以明其不能復雅政，化不足以被羣后也。

觀其筆力古勁，氣韻沈雄，宛然經師本色，與唯美作家之偏重辭華者，大異其趣。

二、史學家之散文

六代史學，蔚然大盛，晉陳壽之三國志，宋范曄之後漢書，最爲絕倫，與班馬之作並稱四史。陳壽屬文不事雕飾，而波瀾老成，若無意爲工，而時有奇情壯采可見，蓋深得蘊藉之致者。例如諸葛亮傳評：

諸葛亮之爲相國也，撫百姓，示儀軌，約官職，從權制，開誠心，布公道。盡忠益時者雖讎必賞，犯法怠慢者雖親必罰，服罪輸情者雖重必釋，游辭巧飾者雖輕必戮。善無微而不賞，惡無纖而不貶，庶事精練，物理其本，循名責實，虛僞不齒。終於邦域之內，咸畏而愛之，刑政雖峻而無怨者，以其用心平而勸戒明也。可謂識治之良才，管蕭之亞匹矣。然連年動衆，未能成功，蓋應變將略，非其所長歟。

時人稱其善敘事，有良史之才，於史漢而外，自成一格。蓋史記短長相生，而出以雄肆，漢書奇偶錯綜，而求爲雅練。三國則雄肆不逮史公，雅鍊亦遜班氏，而不矜才氣，自然溫潤，平流躍波，曲折都到，此其大較也。

范氏自寧以來，世傳經學，曄獨覃思惇史，後漢書之作，自謂體大思精。又云，諸序論筆勢放縱，實天下之奇作。今舉其黨錮傳序論之一段爲例：

及漢祖杖劍，武夫勃興，憲令寬賒，文禮簡闊，緒餘四豪之烈，人懷陵上之心，輕死重氣，怨惠必讎，令行私庭，權移匹庶，任俠之方，成其俗矣。自武帝以後，崇尚儒學，懷經協術，所在霧會，至有石渠分爭之論，黨同伐異之說，守文之徒，盛於時矣。至王莽專僞，終於篡國，忠義之流，恥見纓紼，遂乃榮華丘壑，甘足枯槁。雖中興在運，漢德重開，而保身懷方，彌相慕襲，去就之節，重於時矣。逮桓靈之閒，主荒政繆，國命委於閹寺，士子羞與爲伍，故匹夫抗憤，處士橫議，遂乃激揚名聲，互相題拂，品覈公卿，裁量執政，婞直之風，於斯行矣。

夫上好則下必甚，矯枉故直必過，其理然矣。若范滂、張儉之徒，淸心忌惡，終陷黨議，不其然乎。其他爲世所傳誦者，尙有獨行傳序論、皇后紀序論、宦者傳序論、逸民傳序論、二十八將傳論，細籀所作，抑揚爽朗，英華外發，比班書稍加典縟，而比陳志之平鋪直敍，筆欠華贍者，則有間矣。

自餘史家，若梁沈約撰宋書，蕭子顯撰齊書，北齊魏收撰後魏書，皆列名二十五史。他若晉干寶之晉紀，袁宏之後漢紀，孫盛之魏氏春秋、晉陽秋，宋裴松之之三國志注，裴駰之史記集解、梁裴子野之宋略，陳何之元之梁典、北魏崔鴻之十六國春秋等，率以單行之筆出之，足爲正史陪臺焉。

三、子學家之散文

六朝子學之盛，不下史學，幾與玄學並稱。自漢末徐幹撰中論以後，子部之學，代有名篇。其中以魏劉劭之人物志，王弼之老子注，晉傅玄之傅子，葛洪之抱朴子、神仙傳，郭象之莊子注，梁陶宏景之眞誥，梁元帝之金樓子，後魏賈思勰之齊民要術，北齊顏之推之顏氏家訓等最爲世重，並皆列入四庫全書。其書多以單行之筆，或闡儒學，或論人物，或述老莊之玄意，或正時俗之謬失，林林總總，不可殫記。而以陶宏景顏之推之文最爲自然，絕去雕飾，還我眞淳，陶以輕倩短章見長，顏則以疏宕長篇爭勝，皆六朝散文中最高成就之一。試舉一二，以概其全。

相者蓋性命之著乎形骨，吉凶之表乎氣貌，亦猶事先謀而後動，心先動而後應，表裏相感，莫知所以然。且富貴壽夭，各値其數。董賢甫在弱冠，便位過三公，貲半於國，而裁出三十，身摧家破。馮唐袴穿郎署，揚雄壁立高閣，而並至白首，或垂老玉食，而官不過尉史。或穎慧若神，僅至齠齔，或不辨菽麥，更保黃耇，此又明其偏有得也。陶宏景相經序

人在少年，神氣未定，所與款狎，薰漬陶染，言笑擧動，無心於學，潛移暗化，自然似之，何況操履藝能，較明易習者也。是以與善人居，如入芝蘭之室，久而自芳也。與惡人居，如入鮑魚之肆，久而自臭也。墨翟悲於染絲，是之謂矣。君子必愼交遊焉。孔子曰：無友不如己者。顏閔之徒，何可世得，但優於我，便足貴之。

世人多蔽，貴耳賤目，重遙輕近。少長周旋，如有賢哲，每相狎侮，不加禮敬。他鄉異縣，微藉風聲，延頸企踵，甚於飢渴。校其長短，覈其精粗，或彼不能此矣。所以魯人謂孔子爲東家丘。昔虞國宮之奇，少長於君，君狎之，不納其諫，以至亡國，不可不留心也。顏氏家訓慕賢篇

四、詩家之散文

六朝詩人崇尚唯美，純粹散體之文，殊不易得，在此寥寥篇什中，求其絕去雕飾，疏爽自然者，不過數篇而已，晉陶潛、宋鮑照之作皆足以當之。

陶氏爲魏晉思想之淨化者，亦吾國自然派詩人之宗師，其作品無論詩文辭賦，均保持其特有個性及一貫平淡自然之作風，於唯美文學之狂飇巨潦中，自成波瀾，不求人知，不邀人賞，脩然獨出於埃𡏖之外，誠古今不可多得之文學家，不僅以詩稱也。鍾嶸評其詩文曰：

宋徵士陶潛，文體省淨，殆無長語。篤意眞古，辭興婉愜，每觀其文，想其人德，世嘆其質直。至如『歡言酌春酒』，『日暮天無雲』，風華清靡，豈直爲田家語耶，古今隱逸詩人之宗也。詩品

蕭統序其集亦曰：

其文章不羣，辭采清拔，跌宕昭彰，獨超衆類，抑揚爽朗，莫之與京。橫素波而傍流，干青雲而直上。語時事則指而可想，論懷抱則曠而且眞。加以貞志不休，安道苦節，不以躬耕爲恥，不以無財爲病。……嘗謂有能觀淵明之文者，馳競之情遣，鄙吝之意祛，貪夫可以廉，懦夫可以立。豈止仁義可蹈，抑乃爵祿可辭，不必傍遊泰華，遠求柱史，此其有助於風教也。

其儷體之作，如歸去來辭、閑情賦、感士不遇賦、自祭文、祭從弟敬遠文諸篇，類皆掃除繁縟，棄絕華綺，而爲宋人四六之先唱。若乃散體之製，則以桃花源記、五柳先生傳、孟府君傳、祭程氏妹文、與子儼等疏諸篇最膾炙人口，蓋以其委心任運，忘懷得失，著文章以自娛而已，非藉以釣聲名，取利祿，此其所以爲高也。讀桃花源記，令人油然而興東方式烏托邦（Utopia）之遐想，嚮往一個極自由極安和之『愛的社會』，即荀子所謂『美善相樂』者也。讀與子儼等疏，懇切叮嚀，至情無僞，慈煦之容，若在紙上。讀祭程氏妹文，覺其手足情深，發自天性。讀五柳先生傳，可以想見其人品之高潔焉。昔敖器之評陳師道詩云：『九皋鶴唳，深林孤芳，沖寂自妍，不求賞識。』移以贊潛，當更確切。錄一首以見體。

先生不知何許人也，亦不詳其姓字，宅邊有五柳樹，因以爲號焉。閒靜少言，不慕榮利，好讀書，不求甚解，每有會意，便欣然忘食。性嗜酒，家貧不能常得，親舊知其如此，或置酒而招之，造飲輒

盡，期在必醉，既醉而退，曾不吝情去留。環堵蕭然，不蔽風日，短褐穿結，簞瓢屢空，晏如也。常著文章自娛，頗示己志，忘懷得失，以此自終。

贊曰：黔婁有言：『不戚戚於貧賤，不汲汲於富貴。』其言茲若人之儔乎。銜觴賦詩，以樂其志，無懷氏之民歟，葛天氏之民歟。

鮑照駢體，高視六代，故純散體之作，未之能見，駢散夾雜者，亦惟登大雷岸與妹書等三數篇耳。此書模山範水，情文駿發，煙雲變滅，奇觀勝景，絡繹奔赴，即李思訓數月之功，亦恐畫所難到，山水小品屈指可數之傑構也。茲錄其寫景之一段如左：

向因涉頓，憑觀川陸，遨神清渚，流睇方曛，東顧五洲之隔，西眺九派之分，窺地門之絕景，望天際之孤雲，長圖大念，隱心者久矣。南則積山萬狀，爭氣負高，含霞飲景，參差代雄，凌跨長隴，前後相屬，帶天有匝，橫地無窮。東則砥原遠隰，亡端靡際，寒蓬夕卷，古樹雲平，旋風四起，思鳥羣歸，靜聽無聞，極視不見。北則陂池潛演，湖脈通連，苧蒿攸積，菰蘆所繁，棲波之鳥，水化之蟲，智吞愚，強捕小，號噪驚聒，紛牣其中。西則迴江永指，長波天合，滔滔何窮，漫漫安竭，創古迄今，舳艫相接，思盡波濤，悲滿潭壑，煙歸八表，終爲野塵，而是注集，長寫不測，修靈浩盪，知其何故哉。

彭兆蓀評曰：『古秀在骨。士龍答車茂安書、吳均與宋元思書均不逮也，能彷彿其造句者，水經注而外，惟柳州小記近之。』（南北朝文鈔）可謂崇仰備至矣。

五、駢文家之散文

六朝駢文家兼工散文者甚多，舉其要者，有魏之曹丕、曹植、王粲、陳琳、阮瑀，晉之潘岳、陸機、葛洪，宋之謝靈運、顏延之，梁之武帝、簡文帝、元帝、昭明太子、劉峻、沈約、任昉、吳均等，均不愧一代高手。籀其所作，或經國之鴻文，或廟堂之鉅製，或史傳之偉篇，或輕倩之小品。茲遴載膾播萬口之小品文數篇以見體。

琳死罪死罪。昨加恩辱命，并示龜賦，披覽粲然。君侯體高世之材，秉青萍干將之器，拂鐘無聲，應機立斷，此乃天然異稟，非鑽仰者所庶幾也。音義既遠，清辭妙句，焱絕煥炳，譬猶飛兎流星，超山越海，龍驥所不敢追，況於駑馬可得齊足哉。夫聽白雪之音，觀綠水之節，然後東野巴人，蚩鄙益著，載歡載笑，欲罷不能。謹韞櫝玩耽，以爲吟頌。琳死罪死罪。（陳琳答東阿王牋）

雖寥寥短章，而語語精絕，殆以少許勝人多許者。曹丕典論論文云：『琳瑀之章表書記，今之雋也。』又與吳質書云：『孔璋章表殊健，微爲繁富。』『殊健』誠是，『繁富』則不盡然。

會境既豐山水，是以江左嘉遁，並多居之。但季世慕榮，幽棲者寡，或復才爲時求，弗獲從志。至若王弘之拂衣歸耕，踰歷三紀，孔淳之隱約窮岫，自始迄今，阮萬齡辭事就閑，纂戎先業，浙河之外，棲遲山澤，如斯而已。既遠同羲唐，亦激貪厲競。殿下愛素好古，常若布衣，每意昔聞，虛想巖穴，若遺一介，有以相存，眞可謂千載盛美也。（謝靈運與廬陵王義眞牋）

靈運以衣冠世胄，俯仰新朝，情勢既乖，意殊不愜，遂乃流連法業，優游泉石，故山水詩什，充牣集中，即散體之作，亦多類是。蓋其先祖既匡輔晉室，又時時不忘東山之遊，或深致歆慕歟。

峻字孝標，平原人也，生於秣陵縣，朞月歸故鄉。八歲，遇桑梓顛覆，身充僕圉，齊永明四年二月逃還京師，後爲崔豫州刑獄參軍。梁天監中，詔峻東掌石渠閣，以病乞骸骨，隱東陽金華山。

余嘗自比馮敬通，而有同之者三，異之者四，何則。敬通雄才冠世，志剛金石，余雖不及之，而亮節慷慨，此一同也。敬通值中興明君，而終不試用，余逢命世英主，亦擯斥當年，此二同也。敬通有忌妻，至於身操井臼，余有悍室，亦令家道轗軻，此三同也。

敬通當更始之世，手握兵符，躍馬食肉，余自少迄長，戚戚無歡，此一異也。敬通有子仲文，官成名立，余禍同伯道，永無血胤，此二異也。敬通膂力剛强，老而益壯，余有犬馬之疾，溘死無時，此三異也。敬通雖芝殘蕙焚，終塡溝壑，而爲名賢所慕，其風流郁烈芬芳，久而彌盛。余聲塵寂寞，世不吾知，魂魄一去，將同秋草，此四異也。所以力自爲序，遺之好事云。（劉峻自序）

孝標以高世之才，竟見斥於英主（梁武帝），於是侘傺不偶，憔悴金華，發爲文章，故多悲號激楚之音，令人讀之，鮮有不一唱而三歎者。此篇兩兩比較，三同四異，激昂悲憤，慨當以慷，直若哀蠶軋軋，抽機中獨繭絲矣。

賢兄學業該通，莅事明敏，雖倚相之讀墳典，郄縠之敦詩書，惟今望古，蔑以斯過。自列宮朝，二紀將及，義惟僚屬，情實親友，文筵講席，朝遊夕宴，何曾不同茲勝賞，共此言寄。如何長謝，奄然不追，且年甫强仕，方申才力，擢苗落穎，彌可傷惋。念天倫素睦，一旦相失，如何可言。言及增哽，

擘箋無次。（蕭統與張緬弟纘書）

得書知便遠追疏董，超然高蹈，雖朝旨殷勤，而輕棹已遠，供餞莫申。瞻言增慨，善保嘉猷，比致音息，懷人望古，潸然久之。（任昉爲昭明太子答何胤書）

以上二篇，格調不凡，句法挺異，俱能特立清新之意，刪削靡曼之詞，六朝小品至此已臻絕詣，謂之神品亦無不可也。

※　※　※

六朝時代工爲散文者，除上舉數十家外，書法家若鍾繇、衞恒、謝安、王羲之、王獻之，地學家若郭璞、酈道元，軍事家若諸葛亮、劉琨、桓溫，清談家若山濤、劉伶、嵇康、阮籍、王衍、樂廣，名家若何承天、顧愿、范縝、沈約，以至耽情禪悅之支遁、道安、慧遠、法顯、楊衒之、釋僧祐等，皆有佳篇傳世。李格非嘗論之曰：

諸葛孔明出師表，劉伶酒德頌，陶淵明歸去來辭，李令伯乞養親表，皆沛然如肺腑中流出，殊不見有斧鑿痕。（冷齋夜話引）

斯言諒矣。惟王羲之之蘭亭集序、酈道元之水經江水注亦足與上舉四篇等量齊觀，皆家弦戶誦之名作，而與駢文分鑣並馳者也。

永和九年，歲在癸丑，暮春之初，會于會稽山陰之蘭亭，修禊事也。羣賢畢至，少長咸集。此地有崇山峻嶺，茂林修竹，又有清流激湍，映帶左右，引以爲流觴曲水，列坐其次。雖無絲竹管絃之盛，一觴一詠，亦足以暢敍幽情。

是日也，天朗氣清，惠風和暢，仰觀宇宙之大，俯察品類之盛，所以游目騁懷，足以極視聽之娛，信可樂也。

夫人之相與，俯仰一世，或取諸懷抱，悟言一室之內，或因寄所託，放浪形骸之外。雖趣舍萬殊，靜躁不同，當其欣於所遇，暫得於己，快然自足，不知老之將至。及其所之既倦，情隨事遷，感慨係之矣。向之所欣，俛仰之間，已爲陳跡，猶不能不以之興懷。況修短隨化，終期於盡。古人云，死生亦大矣，豈不痛哉。

每覽昔人興感之由，若合一契，未嘗不臨文嗟悼，不能喻之於懷。固知一死生爲虛誕，齊彭殤爲妄作，後之視今，亦猶今之視昔，悲夫。故列敍時人，錄其所述，雖世殊事異，所以興懷，其致一也。後之覽者，亦將有感於斯文。（王羲之蘭亭集序）

晉書王羲之傳云：『羲之雅好服食養性，不樂在京師，初渡浙江，便有終焉之志。會稽有佳山水，名士多居之，謝安未仕時亦居焉。孫綽、李充、許詢、支遁等皆以文義冠世，並築室東土，與羲之同好。嘗與同志宴集於會稽山陰之蘭亭，羲之自爲之序以申其志。』卽此篇也。又云：『或以潘岳金谷詩序方其文，羲之比於石崇，聞而甚喜。』蓋得意之作也。惟文選及後世諸選本多擯而不收，論者以爲篇中連用絲竹管絃四字，絲竹卽管絃爲重複。又『天朗氣清』，春言秋景，有乖時序。其或然歟。謝立夫評曰：

山水清幽，名流雅集，寫高曠之懷，吐金石之聲，樂事方酣，何至遽爲說死說痛。不知樂至於極，未

有不流入於悲者，故文中說生死之痛，說今與昔同感，後之與今同悲，總是寫樂之極致耳。（古文筆法百篇引）

林雲銘亦曰：

通篇筆意，疏曠跌宕，如雲氣空濛，往來紙上，後惟陶靖節文庶幾近之。（同上）

又曰：

右軍何等人物，生死關頭，寧勘不破。不知時尚清談，剽竊老莊，仁義爲土梗，名教爲桎梏，因而風俗頹敗，國步改移。右軍有心人也，故一旦於此勝會，痛加感慨，長歌當哭，隱然有維持世教之心，古人之文，其不苟作有如此。（同上）

皆深通其旨者也。彼拘拘於管絃節序之末者，毋乃太迂乎。

自三峽七百里中，兩岸連山，略無闕處，重巖疊嶂，隱天蔽日，自非亭午夜分，不見曦月。至於夏水襄陵，沿泝阻絕，或王命急宣，有時朝發白帝，暮到江陵，其間千二百里，雖乘奔御風不以疾也。春冬之時，則素湍綠潭，迴清倒影。絕巘多生檉柏，懸泉瀑布，飛漱其間。清榮峻茂，良多趣味。每至晴初霜旦，林寒澗肅，常有高猿長嘯，屬引淒異，空谷傳響，哀轉久絕。故漁者歌曰：『巴東三峽巫峽長，猿鳴三聲淚沾裳。』（酈道元水經江水注）

自劉宋以還，山水文學勃興，謝靈運最稱宗工，惟靈運之作，大抵即景遣興，藉物詠懷，初未作系統的描述，故其價值爲文學的，而非學術的。至酈氏水經注則不然，其寫景之佳，冠絕古今，在文學上固有其崇高價值，而山川風物，依次紹介，尤爲研究古代地理之重要著作。不寧惟是，後世工於寫景之文學家如柳宗元輩，率自水經注出。其沾溉學圃，衣被詞人，豈一世也哉。

第六章　六朝唯美文學分類

自宋嚴羽首創論詩體（詳見滄浪詩話）以後，踵武者代有其人，至今已蔚爲大觀矣。細按其說，所謂某某體者，皆時人稱一時風氣或作品風格相類各家之名，分別歸類，以便觀覽，用意良善。其立名或以時代，或以姓名，或以官秩……林林總總，不一而足。今以魏晉南北朝而論，例如：

(1)依朝代分類

魏晉體（魏晉兩代）　　魏晉兩代之詩文

齊梁體（齊梁兩代）　　齊梁兩代之詩文

六朝體（魏晉六朝）　　魏晉六朝之詩文

南朝體（南朝四代）　　南朝四代之詩文

南北朝體（南朝北朝）　　合南北兩朝之詩文

(2)依年號分類

建安體（漢獻帝年號）	曹操父子及鄴下諸子之詩
黃初體（魏文帝年號）	與建安相接之一體
正始體（魏齊王年號）	嵇康阮籍等之詩
太康體（晉武帝年號）	三張二陸兩潘一左等之詩
永嘉體（晉懷帝年號）	劉琨郭璞等之詩
義熙體（晉安帝年號）	殷仲文謝混陶潛等之詩
元嘉體（宋文帝年號）	謝靈運顏延之等之詩
大明體（宋武帝年號）	王儉王摛陸澄等之詩
泰始體（宋明帝年號）	王儉王摛陸澄等之詩
永明體（齊武帝年號）	沈約謝朓王融等之詩

⑶依姓氏分類

曹劉體（魏）	曹植劉楨之詩
嵇阮體（魏）	嵇康阮籍之詩
潘陸體（晉）	潘岳陸機之詩
陶　體（晉）	陶潛之詩
謝　體（宋）	謝靈運之詩

吳均體（梁）	吳均之詩文
徐庾體（梁）	徐陵庾信之駢文
陰何體（梁）	陰鏗何遜之詩

(4)依官秩分類

陳思王體（魏）	曹植之詩
鮑參軍體（宋）	鮑照之詩
庾開府體（北周）	庾信之詩

(5)依風格分類

選　體	文選詩體
玉臺體	玉臺新詠集之豔詩
宮　體	梁簡文帝等之豔詩

(6)綜合分類

統觀六朝，凡有四體：有以時言者，則曰永明體，有以地言者，則曰宮體，有以人言者，則曰吳均體，徐庾體。何謂永明體，齊書陸厥傳所謂永明末盛爲文章，吳興沈約，陳郡謝朓，瑯琊王融，以氣類相推轂。汝南周顒，善識聲韻。約等文皆用宮商，以平上去入爲四聲，以此制韻，不可增減，世呼爲永明體。是也。何謂宮體，隋志所謂梁簡文之在東宮，亦好篇什，清辭巧製，止乎衽席之間，雕琢蔓藻，思極閨闈之內。後生好事，遞相放習，朝野紛紛，號爲宮體。是也。吳均體者，梁書均本傳：均文體清拔，有古氣，好事者或斆之，謂爲吳均體。徐庾體者，周書庾信本傳：旣有盛才，文並綺豔，故世號爲徐庾體。綜此四體，六朝作者，當不外乎是矣。（孫德謙六朝麗指）

如此分類，雖可見一代之派別與習尚，究之，其說終嫌籠統，無關宏旨，蓋一人可以同時兼具幾種風格，如陶潛庾信之前後期作品，神貌悉異，是其確證，故不具論，其可論述者，作品之內容而已。

惟是魏晉南北朝爲一大動亂時代，亦爲文學自覺時代，學術丕變，思想開放，加以時更六葉，年近四百，故文學內容之錯綜複雜，當可推而知之。其中如玄言、遊仙、田園、佛理、山水諸什，皆非周漢所有。其題材之多，涵蓋之廣，雖窮畢生之力，亦難窺其涯略。爰就古詩及樂府詩粗加分類，表列如次：

魏晉南北朝詩分類略表

派別	主要作家 姓名	主要作家 時代	代表作品
①遊仙	曹植	魏	升天行・仙人篇
	嵇康	魏	遊仙
	何劭	西晉	遊仙
	郭璞	東晉	遊仙十四首
	庾信	北周	奉和趙王遊仙

②招隱	張載	西晉	招隱
	陸機	西晉	招隱二首
	左思	西晉	招隱二首
③山水	潘尼	西晉	遊西岳
	殷仲文	東晉	南州桓公九井作
	謝混	東晉	遊西池
	謝靈運	宋	過始寧墅・登廬山・登石門最高頂・登江中孤嶼・遊南亭・七里瀨・初去郡
	顏延之	宋	車駕幸京口侍遊蒜山作・北使洛
	鮑照	宋	登廬山二首・蒜山被始興王命作・還都道中作・登黃鶴磯
	謝朓	齊	敬亭山詩・休沐重還道中・晚登三山還望京邑・遊東田・之宣城詩
	吳均	梁	詠雲・山中雜詩三首・至湘州望南嶽
	蕭綱	梁	和湘東王後園迴文詩・玩漢水・山池・登烽火樓
	周弘正	陳	入武關

④田園	陶潛	東晉	庚戌歲九月中於西田穫早稻・勸農・歸園田居五首・移居・遊斜川
	謝靈運	宋	種桑詩
⑤詠史	王粲	魏	詠史
	曹植	魏	三良詩
	左思	西晉	詠史八首
	張協	西晉	詠史
	盧諶	東晉	覽古
	曹毗	東晉	詠史
	陶潛	東晉	詠二疏・詠三良・詠荊軻・詠貧士・讀山海經・
	謝瞻	宋	張子房詩
	顏延之	宋	秋胡詩・五君詠
	鮑照	宋	詠史
	虞羲	梁	詠霍將軍北伐

⑥詠物	王融	齊	琵琶・詠幔
	沈約	梁	詠湖中雁・詠桃・詠青苔
	何遜	梁	詠早梅・詠扇・詠舞
	庾肩吾	梁	詠美人・詠舞・詠長信宮中草
	蕭綱	梁	詠螢・詠芙蓉・詠疏楓・蜂・詠獨舞
	陰鏗	陳	詠伎
	庾信	北周	詠畫屏風二十五首・舟中望月・梅花
⑦敘事	蔡琰	魏	悲憤詩
	曹植	魏	白馬篇・名都篇
	王粲	魏	七哀詩
	佚名	北朝	木蘭詩
⑧玄言	郭璞	東晉	贈溫嶠
	王羲之	東晉	蘭亭

謝尚	東晉	大道曲
孫綽	東晉	蘭亭・贈溫嶠・答許詢
謝安	東晉	蘭亭
庾友	東晉	蘭亭
庾闡	東晉	孫登隱居詩
袁宏	東晉	從征行方頭山
許詢	東晉	竹扇
陶潛	東晉	形贈影・影答形・神釋
⑨擬古		
張華	西晉	擬古
傅玄	西晉	豔歌行・有女篇豔歌行。擬四愁詩四首
陸機	西晉	擬行行重行行・擬今日良宴會・擬迢迢牽牛星・擬青青河畔草
陶潛	東晉	擬古九首
鮑照	宋	擬古八首・擬行路難十八首・學劉公幹體五首

	謝靈運	宋	擬鄴中詠
	袁淑	宋	效白馬篇・效古
	劉鑠	宋	擬古
	王僧達	宋	和琅邪王依古
	范雲	梁	效古
	庾信	北周	擬詠懷二十七首
⑩詠懷	曹操	魏	秋胡行二首
	曹植	魏	箜篌引・薤露行・白馬篇・名都篇・美女篇・送應氏之二
	劉楨	魏	贈從弟三首
	阮籍	魏	詠懷八十二首
	嵇康	魏	述志
	陶潛	東晉	飲酒・始作鎮軍參軍經曲阿作・雜詩・讀山海經
	謝惠連	宋	秋懷

類別	作者	朝代	作品
	沈約	梁	別范安成
	徐陵	陳	別毛永嘉
	江總	陳	南還尋草市宅
	陰鏗	陳	江津送劉光祿
	蕭慤	北齊	秋思
	裴讓之	北齊	有所思
	庾信	北周	詠懷二十七首・和何儀同講竟述懷・和張侍中述懷
⑪浪漫	鮑照	宋	代朗月行・代少年時至衰老行・代白紵曲二首
	劉鑠	宋	三婦豔詩・白紵曲
	湯惠休	宋	白紵歌二首
	王融	齊	三婦豔詩・古意・巫山高
	謝朓	齊	夜聽妓
	蕭衍	梁	子夜歌・白紵辭

蕭綱	梁	豔歌篇・妾薄命篇・美女篇・大垂手・烏棲曲・詠內人晝眠・孌童・美人晨妝
蕭繹	梁	晚棲烏・閨怨・烏棲曲・春別應令・春夜看妓・代舊姬有怨
沈約	梁	洛陽道・夜夜曲・四時白紵歌・六憶
吳均	梁	古意・妾安所思・楚妃曲
江淹	梁	悼室人十首・詠美人春遊
陳叔寶	陳	三婦豔詞・舞媚娘・玉樹後庭花・烏棲曲
江總	陳	雜曲・宛轉歌・秋日新寵美人應令・新入姬人應令・閨怨篇
盧思道	北周	日出東南隅行・采蓮曲・櫂歌行
庾信	北周	舞媚娘・夢入堂內・燕歌行

⑫、閨情

徐幹	魏	室思
曹植	魏	妾薄命・種葛篇・浮萍篇・怨歌行・棄婦詩
繁欽	魏	定情詩
傅玄	西晉	昔思君・車遙遙篇・雜言

類別	作者	朝代	篇名
	張華	西晉	情詩五首・雜詩三首
	陸機	西晉	班婕妤・爲顧彥先贈婦二首
	湯惠休	宋	怨詩行・秋思引
	謝朓	齊	玉階怨
	王融	齊	自君之出矣
	吳均	梁	閨怨
	陳叔寶	陳	長相思二首・自君之出矣
	徐陵	陳	和王舍人送客未還閨中有望
	温子昇	北魏	擣衣
	邢邵	北齊	思公子
	魏收	北齊	挾琴歌
⑬諷刺	曹植	魏	名都篇
	應璩	魏	百一詩・雜詩・三叟

⑭理想	曹植	魏	鰕䱇篇
	郭璞	東晉	遊仙詩十四首之二及之三
	陶潛	東晉	桃花源詩
⑮達觀	王羲之	東晉	蘭亭集詩
	謝安	東晉	蘭亭集詩
	陶潛	東晉	庚子歲五月中從都還阻風於規林・挽歌辭三首
⑯詠人	左思	西晉	嬌女詩二首
⑰憂憤	曹植	魏	贈白馬王彪
	嵇康	魏	幽憤詩
	夏侯建	西晉	臨終詩
	謝靈運	宋	臨終詩・臨川被收
⑱厭世	何晏	魏	擬古・失題
	嵇康	魏	贈秀才入軍十九首之十九・答二郭

⑲厭戰	王粲	魏	從軍
	陳琳	魏	飲馬長城窟行
	應瑒	魏	朝雁
	江淹	梁	征怨
⑳社會	曹操	魏	薤露・蒿里行・苦寒行・卻東西門行
	曹植	魏	送應氏二首之一・雜詩六首之二・泰山梁甫行
	阮瑀	魏	駕出北郭門行
	傅玄	西晉	苦相篇豫章行
	張華	西晉	輕薄篇・遊獵篇
	顏延之	宋	還至梁城作
㉑佛理	支遁	東晉	詠懷詩五首・述懷詩二首
	慧遠	東晉	廬山東林雜詩
	廬山諸道人	東晉	遊石門詩

類別	作者	時代	篇名
	竺僧度	東晉	答苕華詩
	苕華	東晉	贈竺僧度
	王融	齊	淨行詩
	蕭衍	梁	十喻
㉒比興	曹植	魏	野田黃雀行
	劉楨	魏	贈從弟三首之三
	何晏	魏	擬古
	傅玄	西晉	短歌行・西長安行
	鮑照	宋	代東門行・代放歌行
㉓遊宴	曹植	魏	公讌詩
	王粲	魏	公讌詩
	劉楨	魏	公讌詩
	陸雲	西晉	大將軍讌會被命作詩

應貞	西晉	晉武帝華林園集詩
范曄	宋	樂游應詔
丘遲	梁	侍讌樂遊苑送張徐州應詔
沈約	梁	應詔樂遊餞呂僧珍

㉔寫景

曹丕	魏	丹霞蔽日行・釣竿行・芙蓉池作
曹植	魏	苦熱行
劉楨	魏	贈徐幹
陶潛	東晉	辛丑歲九月赴假還江陵・癸卯歲十二月中作
謝靈運	宋	石室山詩・登永嘉綠嶂山詩・郡東山望溟海詩
王融	齊	臨高臺
沈約	梁	泛永康江
庾肩吾	梁	奉和春夜應令
何遜	梁	春夕早泊

	蕭綱	梁	折楊柳
	陰鏗	陳	開善寺
	江總	陳	贈洗馬袁朗別
㉕說理	曹植	魏	當事君行
	張華	西晉	勵志
	干寶	東晉	白志詩
	謝混	東晉	誡族子
	吳隱之	東晉	酌貪泉賦詩
㉖軍戎	王粲	魏	從軍詩
	左延年	魏	從軍行
	鮑照	宋	代東武吟・代出自薊門行
	江淹	梁	從征虜始安王道中
	吳均	梁	從軍行

	張正見	陳	星名從軍詩
	王褒	北周	飲馬長城窟・關山月・從軍行
㉗哀傷	曹丕	魏	雜詩二首・寡婦
	曹植	魏	七哀・吁嗟篇
	潘岳	西晉	悼亡詩・哀詩・思子詩
	張載	西晉	七哀詩
	曹攄	西晉	感舊詩
	陶潛	東晉	悲從弟仲德
	謝靈運	宋	廬陵王墓下作
	顏延之	宋	拜陵廟作
	謝朓	齊	同謝諮議銅雀臺
	任昉	梁	出郡傳舍哭范僕射
	沈約	梁	悼亡

	王褒	北周	贈周處士
	庾信	北周	傷王司徒褒
㉘豪放	曹操	魏	短歌行・碣石篇
	劉琨	東晉	扶風歌・重贈盧諶
	陶潛	東晉	詠荊軻・歌種桑
	王褒	北周	關山篇・出塞・入塞・渡河北
㉙閨秀	甄后	魏	塘上行
	蔡琰	魏	胡笳十八拍
	孟珠	魏	陽春歌
	左芬	西晉	啄木詩・答兄感離
	蘇伯玉妻	西晉	盤中詩
	綠珠	西晉	懊儂歌
	桃葉	東晉	團扇歌
	蘇蕙	東晉	璿璣圖

	作者	朝代	作品
	謝道韞	東晉	登山・擬嵇中散詠松・詠雪聯句
	謝芳姿	東晉	團扇歌
	鮑令暉	宋	擬青青河畔草・擬客從遠方來・擬自君之出矣・古意贈今人
	韓蘭英	齊	西陵歌
	劉令嫻	梁	和婕妤怨・春閨怨・詠佳人・聽百舌・答外二首
	王金珠	梁	子夜四時歌
	包明月	梁	前溪歌
㉚雜體	孔融	魏	離合作郡姓名字詩
	鮑照	宋	建除詩・數名詩・字謎二首
	王融	齊	藥名詩・星名詩・四色詠・後園作迴文詩・雙聲詩・離合賦物爲詠
	蕭綱	梁	藥名詩
	蕭繹	梁	宮殿名詩・縣名詩・姓名詩・獸名詩・鳥名詩・樹名詩・針穴名詩・屋名詩・車名詩・船名詩・將軍名詩・歌曲名詩・龜兆名詩・草名詩・相名詩・卦名詩・藥名詩
	范雲	梁	建除詩・數名詩・州名詩・奉和齊竟陵王郡縣名詩・四色詩。